JN290392

Excelで簡単にシミュレーション!
建築デザインと最適構造

藤井大地 著

丸善株式会社

まえがき

　建物，橋梁，船舶，自動車，その他様々な構造物や工業製品において，デザインは非常に重要な要素であり，デザイナーは憧れの職業です．しかし，現実社会において必要な人材は，その多くが構造にかかわる人間であり，デザイナーは少数で足ります．また，いくらデザインが良くても，それが故障したり，事故を起こしたりすると膨大な損失を被ることになるため，構造に精通した人材を育成することは，社会にとっても必要不可欠なことです．

　一方，構造力学という学問や構造に関する専門知識の魅力とは何なのでしょうか．一般の構造力学の問題は，まず形ありきから始まります．形が決まったものをさらに解析可能な形にモデル化し，構造的に安全かどうかをチェックするために構造力学（構造解析技術）があります．しかし，決められた形が本当に荷重を合理的に受けとめる形なのかどうか，その辺の検討ができてこそもっと構造力学の魅力は膨らむのではないでしょうか．もし，構造力学の知恵をデザインに反映させることができれば，それは構造を学ぼうとしている学生にとっても構造を教える側にとっても大変魅力的な話です．

　本書は，設計対象領域と荷重条件および境界条件が与えられた場合の，力学的に最適な形を求めるための方法について紹介したものです．
　第1章では本書の構成と付属 CD-ROM の使用法について，第2章では最適設計法のもとになっている有限要素法についてわかりやすく説明しています．そして，第3章では骨組構造の最適な形を求める方法，第4章では連続体の最適な形を求める方法を示しています．さらに，第5章，第6章では付属ソフトである

Otto_2D，Isler_2D の利用法を豊富な例題とともに解説しています．

　本書には第 5 章，第 6 章で紹介している Otto_2D, Isler_2D という Excel をプリ・ポストとする 2 つのソフトウエアが付属しています．これらのソフトを用いれば，誰でも簡単に与えられた条件を満足する最適な形を求めることができます．しかし，本書の目的は単にソフトの紹介にあるのではありません．これらを利用することにより，様々な形が求まることの面白さを知っていただき，その背景にある計算力学・構造力学に興味をもってもらいたい．そして，計算力学・構造力学をより深く学ぶきっかけになってほしいと考えているのです．

　私が，このような最適な形を求める研究にはじめて触れたのは，1996 年にドイツのシュツットガルト大学で開催されたシェルと空間構造の国際会議（IASS）に参加した時です．この時のシュツットガルト大学の E. Ramm 教授の計算力学手法を用いて橋やドームの最適な形（位相）を求める研究発表に強いインパクトを受けました．それ以来，形状デザインというものに少しずつ興味を持ちはじめ，研究としても高層ビルの最適形状を求める研究を始めました．しかし，E. Ramm 教授が行っているような形状最適化の研究にはとても追いつけそうにありませんでした．それが，天の助けか，1997 年に中米のコスタリカで行われた計算力学の国際会議（ICES）で，この分野の第一人者であるミシガン大学の菊池昇教授と出会い，1998 年から 1 年間，菊池教授のもとで研究させていただける機会を得ました．その後，東京大学，近畿大学でさらに研究を進め，これらの研究をわかりやすくまとめたものが本書の内容となっています．

　本書の内容には，菊池教授から教えていただいたものが多く含まれています．また，本書のもととなる研究を進めるにあたり，東京大学の鈴木克幸准教授，株式会社くいんとの石井惠三氏から多くの示唆に富むアドバイスをいただきました．ここに記して，心より感謝いたします．

　また，本書出版に際しては，丸善出版事業部の恩田英紀氏に大変お世話になりました．ここに記して，感謝の意を表します．

2008 年　初秋

藤　井　大　地

プログラムソースの著作権について

付属プログラムのソースの大部分は著者独自に開発したものですが，一部のサブルーチンに関しては下記に著作権があります．
- Dolsm.f（改訂シンプレックス法）：HITACHI　IMSL サブルーチン集
- SkSolver.f（スカイライン法による連立方程式の解法）：山田嘉昭，横内康人著，「有限要素法による弾塑性解析プログラミング」，培風館

補足

本書は 2002 年に出版した「パソコンで解く構造デザイン」（丸善）をベースにしています．ただし，付属のプログラムも記載内容も大幅に変更されています．主な変更点は次のとおりです．

(1) 付属ソフトのプリ・ポストを Visual Basic から Excel VBA に変更しました．これにより，Microsoft Excel でデータの作成，解析，解析結果の表示などがすべて行えます．

(2) 付属ソフトの Isler および Otto を 2 次元問題に限定しました．これに伴い，本書の内容も 2 次元理論のみに絞っています．これにより本書の理論もソースプログラムも非常に理解しやすくなったと思います．（なお，前著「パソコンで解く構造デザイン」では 3 次元骨組構造やシェル構造も扱えるようになっています．）

(3) 2 次元構造の最適な形を求める方法として，前著では均質化設計法を用いていましたが，本書では，より理論が簡単な密度法を用いています．

(4) 本書付属の Otto_2D, Isler_2D は，その後の研究のノウハウが含まれており，前著の Otto, Isler に比較して，さらに精度の高い形が求まります．なお，Otto_2D に関しては，トラス構造に対して厳密解が求まることを確かめています．また，Isler_2D では，設計領域に自由に穴を空けられる機能を付加しています．

目次

1章　本書の概要と利用法 ―――――――――――――1
- 1.1　最適な形　1
- 1.2　本書の目的と利用法　5
- 1.3　本書の構成と概要　6
- 1.4　付属のプログラムについて　11
- 1.5　アドイン登録の方法　11
  - 1.5.1　付属ソフトのコピー　12
  - 1.5.2　セキュリティの変更　12
  - 1.5.3　アドイン登録　14
  - 1.5.4　Excel 2007を用いる場合　16

2章　有限要素法入門 ―――――――――――――21
- 2.1　有限要素法の小史　21
- 2.2　要素剛性マトリックス　22
  - 2.2.1　有限要素法の概要　22
  - 2.2.2　バネとしての要素剛性　23
  - 2.2.3　要素剛性マトリックスの導出法　24
- 2.3　全体の釣合方程式とその解法　27
  - 2.3.1　要素剛性マトリックスの重ね合わせ　27
  - 2.3.2　境界条件の設定　30
  - 2.3.3　連立方程式の解法　32

3章　骨組の最適構造を求める方法 ―――――――35
- 3.1　グランドストラクチャ法　35
- 3.2　グランドストラクチャの有限要素解析　39
  - 3.2.1　軸方向変形に対する要素剛性マトリックス　39
  - 3.2.2　曲げ変形に対する要素剛性マトリックス　41
  - 3.2.3　接合部の回転剛性を考慮した要素剛性マトリックス　44
  - 3.2.4　2次元骨組の要素剛性マトリックス　48
  - 3.2.5　座標変換　48
  - 3.2.6　要素釣合方程式の重ね合わせと全体釣合方程式の解法　49
- 3.3　最適な形を求める方法　49
  - 3.3.1　グランドストラクチャを構成する要素　49
  - 3.3.2　設計変数，目的関数，制約条件　50
  - 3.3.3　最適化問題の定式化　51

3.3.4　最適化問題の解法　51
　　　3.3.4.1　SLP法　51
　　　3.3.4.2　CONLIN法　53
　　3.3.5　感度係数の計算法　54
　　3.3.6　密度の小さい部材へのペナルティ　55
　　3.3.7　再計算アルゴリズム　56

4章　連続体の最適構造を求める方法　——59
　4.1　密度法　59
　4.2　2次元連続体の有限要素解析　61
　　4.2.1　面内変形に対する要素剛性マトリックス　61
　　4.2.2　要素釣合方程式の重ね合わせと全体釣合方程式の解法　65
　4.3　最適な形を求める方法　66
　　4.3.1　設計変数，目的関数，制約条件　66
　　4.3.2　最適化問題の定式化　66
　　4.3.3　最適化問題の解法　67
　　4.3.4　感度係数の計算法　67
　　4.3.5　中間密度へのペナルティ　68
　　4.3.6　チェッカーボードとその対策　69
　　4.3.7　再計算アルゴリズム　72

5章　Otto_2Dの利用方法　——73
　5.1　例題1　ラーメン構造の最適な形　73
　　5.1.1　鉛直荷重のみが作用する場合（その1）　73
　　5.1.2　鉛直荷重のみが作用する場合（その2）　87
　　5.1.3　鉛直荷重と水平荷重(地震力)が作用する場合　89
　5.2　例題2　ビルのファサードデザイン　91
　　5.2.1　1階柱脚の位置を限定しない問題　91
　　5.2.2　1階柱脚の位置を限定する問題　93
　　5.2.3　中層ビルの問題　95
　5.3　例題3　片持トラスの厳密解との比較　96
　5.4　補足　98

6章　Isler_2Dの利用方法　——99
　6.1　例題1　ラーメン構造の最適な形　99
　　6.1.1　鉛直荷重のみが作用する場合　99
　　6.1.2　鉛直荷重と水平荷重(地震力)が作用する場合　109
　　6.1.3　開口部を有する場合　110
　　6.1.4　得られた形の応力解析　114
　6.2　例題2　ビルのファサードデザイン　118

6.2.1　1階柱脚の位置を限定しない問題　　118
　　6.2.2　1階柱脚の位置を限定する問題　　121
　　6.2.3　中層ビルの問題　　122
　6.3　例題3　MBB梁の最適な形　　123

補遺A　CONLIN法 ────────── 125
　A.1　最適化問題のテーラー展開　　125
　A.2　双対法の適用　　127
　A.3　逐次2次計画法による解法　　129
　A.4　制約条件の緩和法　　131

補遺B　プログラムの解説 ────────── 135
　B.1　Excel VBAによるプリ・ポストプログラム　　135
　B.2　Fortranによる解析プログラム　　140

参考文献　　145

索　引　　147

1章　本書の概要と利用法

1.1　最適な形

　建築構造は垂直な柱と水平の梁を基本に構成されることが一般的ですが，最近では，壁に任意形状の穴を空けたような構造（写真1,2）や，柱・梁の区別のつかない斜め材で構成される構造（写真3,4）などがデザインされるようになりました．このように従来の柱・梁形式にとらわれなければ，はたして荷重を合理的に受けとめる形とはどのようなものであるかということに興味がわいてきます．

　例えば，写真5のせんだいメディアテークは，薄くフラットな床スラブを海草のようにうねった柱が支えている構造（佐々木睦朗著：フラックス・ストラクチ

写真1　西八條邸彩丹［撮影：鳥村鋼一］
　　　（設計：イースタン建築設計事務所）

写真2　MIKIMOTO GINZA 2
　　　（設計：伊東豊雄）

写真3　トッズ表参道ビル
（設計：伊東豊雄）

写真4　プラダ ブティック青山
（設計：ヘルツォーク＆ド ムーロン）

写真5　せんだいメディアテーク（撮影：新建築社写真部）
（設計：伊東豊雄，構造：佐々木睦朗）

ャー，TOTO 出版）ですが，このようにフラットなスラブだけが存在するものとして，これを支える構造を"？"として考えると，構造を考えることが大変魅力的なものに思えてこないでしょうか．

これを具体的に表すと，図 1.1 に示すように，フラットな床と地面の境界条件のみが与えられ，この床に鉛直荷重（固定荷重や積載荷重）と左右両方向の地震力が加わる問題になります．この時，これまでの柱や梁の概念にとらわれず，図のグレーの領域（？）に床を支える力学的に合理的な構造を考えるわけです．

設計において，本当に面白いのはこういう問題ではないでしょうか．一般の構造力学の問題は，まず，形ありきから始まります．与えられた形（構造）が安全かどうかをチェックするための道具として力学があります．しかし，これだけでは，力学の面白みが半減してしまいます．力学を使って，"？"の形を求めることができないでしょうか．もし，そういう最適な形というものが力学を用いて求まるならば，もっと構造力学の魅力は大きくなるのではないでしょうか．

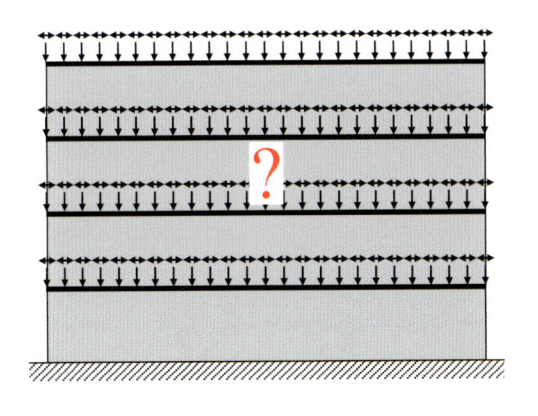

図 1.1　ビルを支える構造の形を求める問題

本書では，このような形を求める計算力学手法について紹介しています．実は，このような形を求める研究は古くからなされています．しかし，実際に図 1.1 のような問題が解けるようになったのは，1990 年代に入ってからです．手法としては，1988 年の Bendsøe and Kikuchi の論文で発表され，実際にこのような問題が解けることを世界中に知らしめたのは 1991 年の Suzuki and Kikuchi の論文です．こ

れらの論文で提案された手法を用いると，図 1.1 のビルを支える構造の形が，図 1.2 のように求まります．図 1.2 は，本書付属のプログラム Isler_2D によって解いた結果です（ただし，Isler_2D では均質化設計法ではなく密度法を用いています）．図からわかるように，床を支える最適な形は，格子状の柱・梁の形状ではなく，伊東豊雄氏のトッズ表参道ビルのデザインのように樹木の幹のような形をしています．ただし，この場合の地震力は，鉛直荷重の 0.2 倍としています．

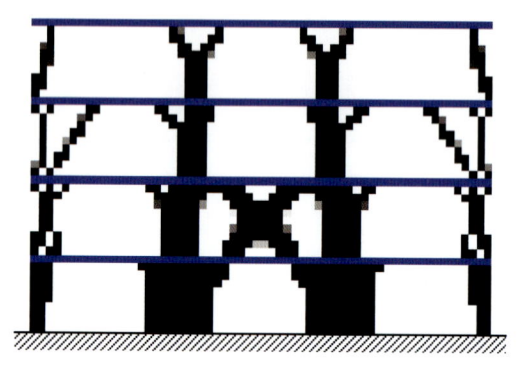

図 1.2　Isler_2D によって求められたビルの最適構造形状

図 1.2 では，なぜこのような形が出てくるのでしょうか．図 1.2 の力学的意味について考えてみましょう．図 1.2 の構造は，基本的には 4 本の柱で支える構造となっているようです．そして，地震力（水平力）を中央部の太い柱とブレース（斜

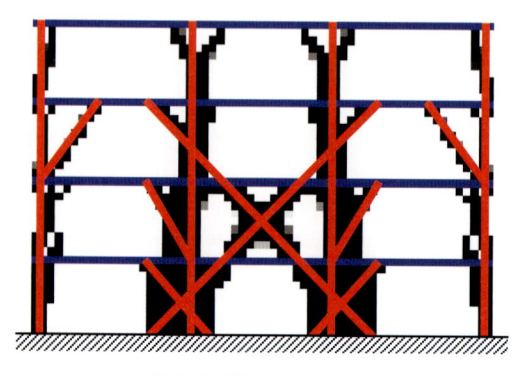

図 1.3　構造形状の分析

め材）で引き受けているように見えます（図 1.3）．中央部が太くなるのは，スラブの鉛直荷重による曲げモーメントが中央部で大きくなるためだと考えられます．このため，地震力も中央部で集中的に受け持つ方が力学的に合理的なのでしょう．

このように，得られた形を力学的に分析することも，力学的なセンスを身につける上で重要だと思われます．また，この問題の場合，地震力を鉛直荷重の 0.2 倍としていますが，地震力の比率を大きくしていくとどうなるのか，各層の地震力を Ai 分布形にするとどうなるのかなど，様々なことが考えられます．また，図 1.2 の形を樹木だとすれば，樹木の根の位置や太さ（基礎の境界条件）などを変えるとどうなるかなど，色々な興味がわきます．

以上のように，このようなプログラムが手元にあったら，もっと構造というもの，その背景にある力学というものに興味がわくのではないでしょうか．また，デザイナーを目指す人にとっても，構造を考慮することの重要性が理解できるのではないでしょうか．本書はこのような動機のもとに執筆しています．

1.2　本書の目的と利用法

本書は，図 1.1 に示すように，設計領域と荷重条件および境界条件が与えられた場合に，最適な形を求めるための手法について紹介しています．また，本書には，Otto_2D, Isler_2D という Excel をプリ・ポストとする 2 つのソフトが付属しており，これらのソフトを用いれば，誰でも簡単に様々な構造の形を求めることができます．

しかし，本書の目的は単なるソフトの紹介にあるのではなく，このような形が求まることの面白さから，その背景にある計算力学・構造力学に興味をもってもらい，計算力学・構造力学を学ぶきっかけを提供することにあります．したがって，第 2 章～第 4 章では，これらの手法のもとになっている有限要素法や最適化問題の定式化およびその解き方などをかなり詳しく述べています．

また，本書付属のソフトは，Excel をプリ・ポストとしているため，大学の授業などでは大変使いやすくなっていると思います．また，本書付属のソフトでは，対象を 2 次元に限定していますが，建築家が構造デザインのアイデアを得るような場合にも活用できるレベルにあります．第 5 章と第 6 章では，Otto_2D と

Isler_2D の利用法と，いくつかの興味深い例題の解き方が示されています．

また，本書の特徴としては，Otto_2D の解析プログラムに関しては，『Excel で解く構造力学』（丸善）および『Excel で解く 3 次元建築構造解析』（丸善）のプログラムを元に作成していますし，Isler_2D の解析プログラムもこれに準じています．したがって，これらの本で有限要素法のプログラミングの勉強をすれば，本書付属の解析プログラムを理解することは容易です．

本書の利用法としては，本書付属のソフトを大学の授業などの教材に用いることや，大学院で有限要素法や最適化手法を学ぶためのテキストとしての利用，また，本書のプログラムを元に，独自のソフト開発に発展させることなどが考えられます．

1.3 本書の構成と概要

以下，本書の第 2 章では，本書で示す構造の形を求める手法のもとになっている有限要素法についてわかりやすく説明しています．

第 3 章では，骨組構造から図 1.2 に示すような形を求める方法を示しています．この方法は，まず，設計領域に図 1.4 のような骨組構造を作っておき，これから最適化計算によって，必要な部材の密度を高くし，不必要な部材の密度を低くす

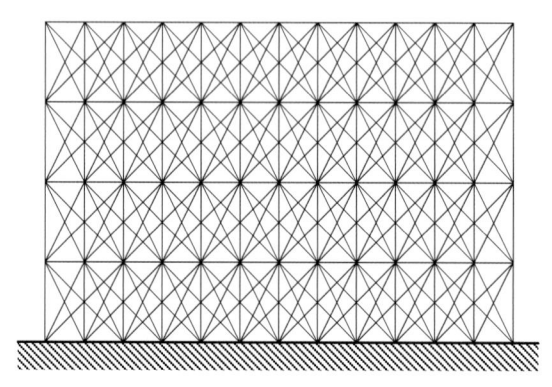

図 1.4　Otto_2D で作られたグランドストラクチャ

ることによって最適な構造の形を求めます．この方法は，図 1.4 のような最適解の背景（下地）になるような構造を利用することからグランドストラクチャ法と呼ばれています．

この方法は 1960 年代から研究されていますが，コンピュータが発達していなかった時代には研究もあまり進みませんでした．しかし，1988 年に Bendsøe and Kikuchi によって連続体上に形を求める方法が発表された頃から再びこの方法も見直され，多くの研究が発表されるようになりました．

本書でまずこの方法を取り上げるのは，連続体上に図 1.2 に示すような形を求める解析は，実際に Isler_2D を使ってみてもらえばわかるように，かなり計算時間がかかるためです．これに比較して，グランドストラクチャ法（Otto_2D）の計算は，節点数が適切であれば非常に高速に行えます．また，建築分野の人間にとっては，骨組の方がなじみやすく，力の流れもつかみやすいということもあります．また，この方法では，得られた構造に対して簡単に応力計算を行うことができます．したがって，構造の形を求める手法としては，まず，この方法から学ぶ方が理解しやすいと思われます．

第 5 章では，Otto_2D の利用方法が示されています．図 1.5 は，Otto_2D の CONLIN 法による解法で得られた解を示しています．図 1.2 に比較すると，斜材が多い構造となっていますが，全体的な構造の形には類似性が見られます．

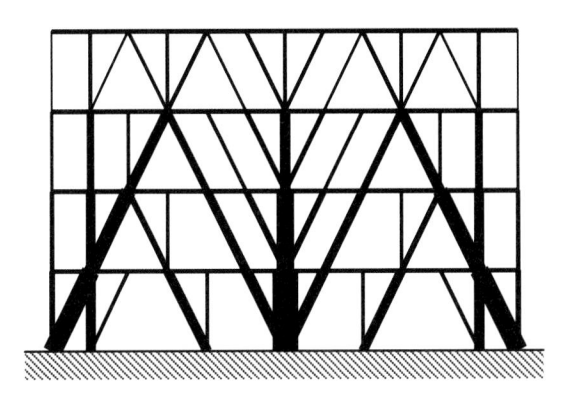

図 1.5　Otto_2D_CON によって求められたビル構造の最適形状

また，Otto_2D では，得られた最適な構造の変形や軸力，曲げモーメント，せん断力分布等を簡単に求めることができるようになっています．したがって，本ソフトは，構造力学の演習としても使えます．図 1.6，1.7 は，本例題の密度の高い要素を自動抽出して骨組モデルを作成し，変位図と軸力図・曲げモーメント図を描いたものです．ただし，水平荷重は右方向に加わっています．

まず，この方法で，形を求める解析の基本原理を理解してもらって，Otto_2D の利用法に慣れてもらえば，第 4 章および第 5 章がより容易に読み進めると思います．

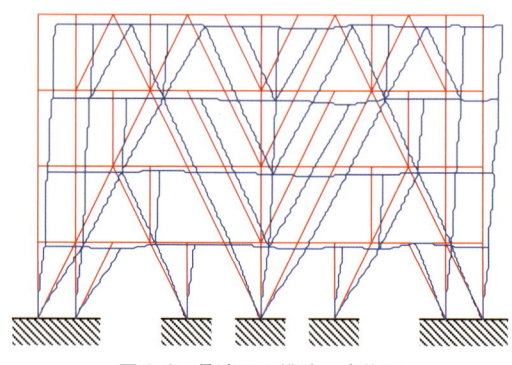

図 1.6　最適ビル構造の変位図

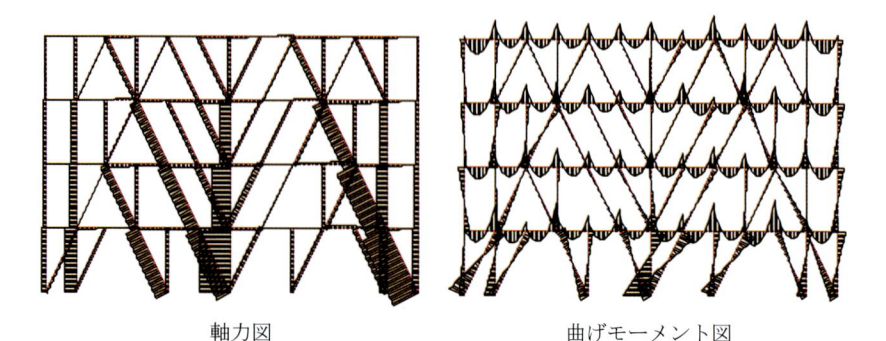

軸力図　　　　　　　　　曲げモーメント図
図 1.7　最適ビル構造の軸力図と曲げモーメント図

第4章では，図1.2に示す連続体の最適な形を求める方法を示しています．この方法も，基本的にはグランドストラクチャ法と同様で，要素の密度を変化させることで最適な構造の形を求めています．もう少し詳しく言えば，まず，設計領域を図1.8に示すように格子メッシュで分割します．次に，ステップバイステップに，荷重を支えるために必要な要素の密度は高く，必要でない要素の密度は低くなるような計算を繰り返します．そして，最終的に図1.2に示すような最適な形を浮かび上がらせるわけです．ただし，この例題では，床部分の要素の密度は固定しています．

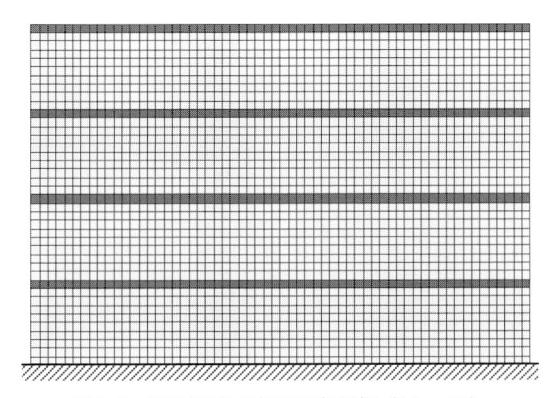

図1.8 設計領域の有限要素分割（Isler_2D）

第6章では，Isler_2Dの利用方法が示されています．Isler_2Dでは，図1.9に示すように，設計領域に任意の穴（開口部）を空けることもできます．図では，図1.2の主要構造部分にあえて開口部を設けています．図1.10は，図1.9の設計領域で最適な形を求めたものです．図1.2に比較して，柱が増えていることがわかります．

このような機能は，必要な部分に開口部を設けたり，デザイナーの意図を反映させるために利用できます．

また，Isler_2Dでは，密度の高い要素だけを取り出して，応力解析を行える機能も付加されています．したがって，出てきた形が力学的にどういう意味があるのかなども分析できるようになっています．詳しくは第6章を参照してください．

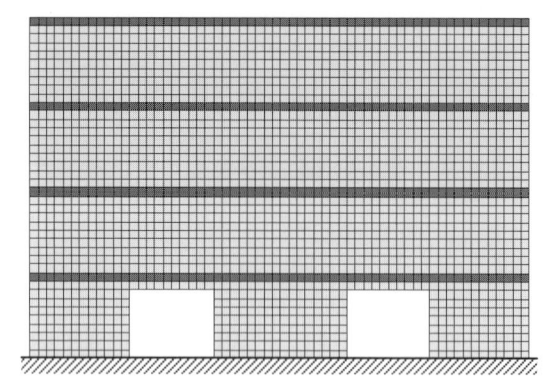

図 1.9 設計領域に穴を設けた場合の有限要素分割（Isler_2D）

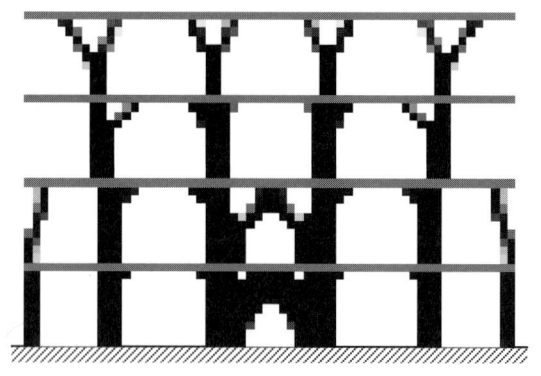

図 1.10 Isler_2D によって求められたビル構造の最適形状

なお，文献については，巻末に著者名のアルファベット順，５０音順に列挙しています．本書では，理解を容易にするため，細かい理論は省略している部分があります．したがって，詳しく勉強をしたい読者は巻末の文献を参考にしてください．

1.4 付属のプログラムについて

本書には，Otto_2D と Isler_2D という 2 つのソフトウェアが付属しています．これらのソフトでは，Excel を用いて，データの作成，解析の実行，解析結果の表示などがすべて行えるようになっています．

データの作成および解析結果の表示に関するプログラムは Excel VBA で作成されており，内容もすべて参照できるようにしています．また，最適化計算および連続体の応力解析に関しては，Excel VBA の場合，非常に時間がかかるため，この部分は Fortran で作成し，exe ファイルに直されたものを Excel からリモートで実行するようにしています．なお，骨組構造の応力解析に関しては，Excel VBA で作成したものを用いています．

なお，Fortran のコンパイラは Compaq Visual Fortran を使用しています．特殊なコマンドは使っていないため，他のコンパイラでも対応可能だと思われます．また，Excel VBA は，Excel 2002 で作成していますが，Excel 2003, Excel 2007 にも対応します．OS は，Windows XP/VISTA のどちらでも対応します．

節点数，要素数の上限は，プログラムを変更することによって対応できますが，付属のプログラムでは，Otto_2D の場合，要素数 10000，節点数 10000，Isler_2D の場合，要素数 30000，節点数 30000 に対応できるようにしています．ただし，全体剛性マトリックスの自由度で限界になることもあります．

要素数が多い場合，パソコンのビデオチップの性能により，グラフィックスに非常に時間がかかる場合があります．高性能のビデオチップを登載しているパソコンを用いることが推奨されます．

1.5 アドイン登録の方法

次に，本書付属のソフトの利用法について説明します．ただし，ここでは，本ソフトを利用する前段階の説明を行い，各ソフトのデータの作成法などの具体的な使い方については，第 5 章，第 6 章を参照してください．

1.5.1 付属ソフトのコピー

まず，付属の CD-ROM を開くと，Otto_2D と Isler_2D の 2 つのフォルダが収められています．まず，この 2 つのフォルダを自分のパソコンのハードディスクにコピーしてください．

ただし，ここで注意していただきたいのは，コピー先のディレクトリに日本語が含まれないようにしてください．これは，Fortran の実行プログラムが日本語のファイル名を誤認識する可能性があるからです．例えば，

D:¥My Document¥プログラム¥program¥Otto_2D

となるような場合です．つまり，Isler_2D と Otto_2D フォルダのコピー先に，日本語のフォルダがないようにしていただきたいのです．なお，"マイドキュメント"は実際には，"My Document"となりますので，"マイドキュメント"にコピーすることは問題ありません．

なお，フォルダ内のファイルの説明は，補遺 B を参照してください．

1.5.2 セキュリティの変更

まず，Otto_2D のフォルダを開いてください．この中に，Otto_2D.xls という Excel ファイルがあります．また，Isler_2D フォルダの中にも，Isler_2D.xls という Excel ファイルがあります．

まず，これらを起動するわけですが，その前に，Excel のセキュリティの変更を行っておく必要があります．なぜならば，Otto_2D.xls，Isler_2D.xls の中に Excel VBA で作成されたマクロプログラムがあるのですが，標準のセキュリティレベルでは，これらのプログラムが読めないようになっているからです．なお，Excel 2007 では，以下の操作は必要ありません（1.5.4 項参照）．

セキュリティの変更を行うためには，Excel を起ち上げて，Excel のメニューバーの［ツール］－［マクロ］－［セキュリティ］を選択します（図 1.11 参照）．そうすると，図 1.12 に示すユーザーフォームが表示されます．通常，このセキュリティレベルは"高"に設定されていますが，ここでは，このセキュリティレベルを"中"に変更します．こうすることで，Otto_2D.xls，Isler_2D.xls の中のマクロプログラムを Excel に読み込むことが可能になります．

なお，セキュリティレベルを"中"にした場合，マクロプログラムが含まれる

Excel ファイルを読み込むと，図 1.13 に示すメッセージが表示されます（図は，Otto_2D を起動した場合の例です）．ここで，"マクロを有効にする"を選択すると，そのファイルに含まれるマクロプログラムが読み込まれます．

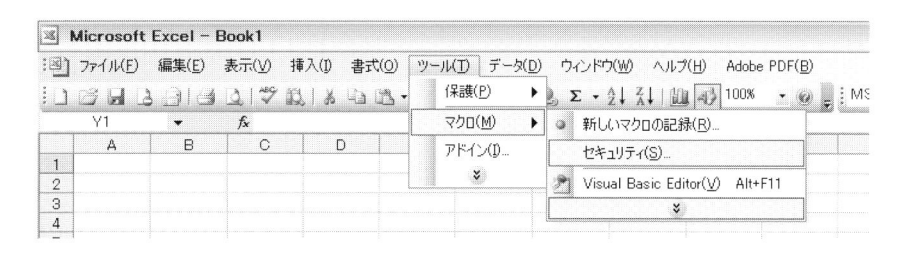

図 1.11　Excel マクロのセキュリティメニュー

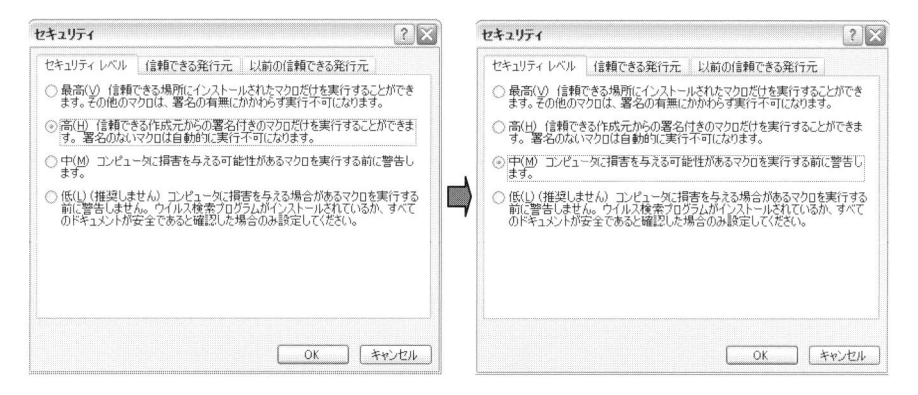

図 1.12　セキュリティレベルの変更

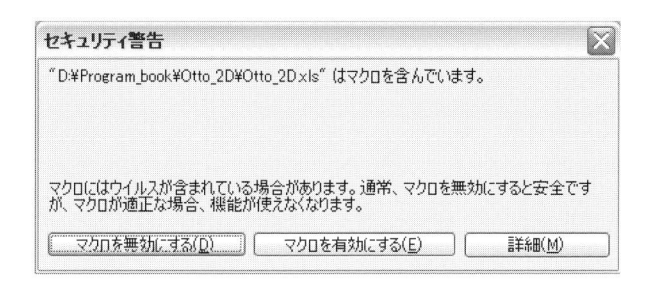

図 1.13　マクロを含んだファイルの読み込み時におけるメッセージ

1.5.3 アドイン登録

次に，Otto_2D と Isler_2D のソフトのメニューを Excel のメニューバーに表示する方法について説明します．これは，Excel のアドイン機能を用いて行います．

まず，Otto_2D.xls を起動し，図 1.12 の画面で，「**マクロを有効にする**」ボタンをクリックします．

次に，Excel のメニューバーの「**ファイル**」－「**名前を付けて保存**」を選択します．そうすると，図 1.14 のようなユーザーフォームが表示されます．

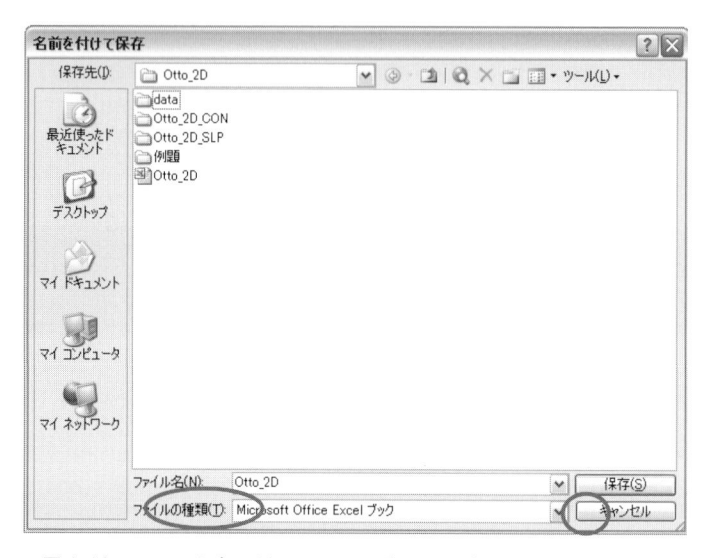

図 1.14 マクロを含んだファイルの読み込み時におけるメッセージ

次に，図 1.14 の「**ファイルの種類**」の選択ボタン（☑）で，図 1.15 に示すように「Microsoft Office Excel **アドイン**」を選択します．そうすると，保存先が「AddIns」フォルダになりますので，そこに，Otto_2D という名前で保存します（「**保存**」ボタンをクリックします）．

次に，Excel の「**新規作成**」で，新しいブックを開きます．そして，Excel のメニューバーで，「**ツール**」－「**アドイン**」を選択します（図 1.16 参照）．そこで表示される画面（図 1.17 参照）で，先ほど登録（保存）した Otto_2D を探し，そのチェックボックスをオンにします．そして，「OK」ボタンをクリックします．な

お，ここで，Otto_2D が見つからない場合は，「**参照**」ボタンをクリックして探してみてください．

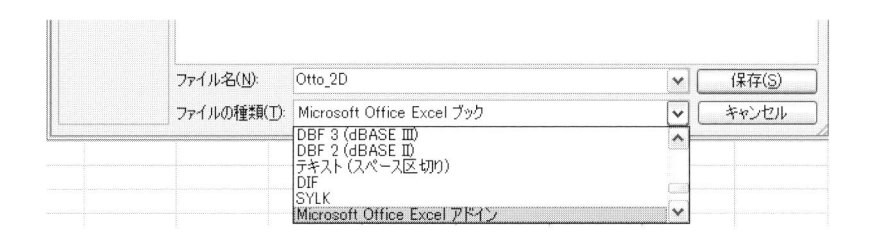

図 1.15　ファイルの種類の選択

図 1.16　アドインメニューの選択

図 1.17　Otto_2D のアドインの選択

そうすると，図 1.18 に示すように，Excel のメニューバーに，Otto_2D のメニューが表示されます．

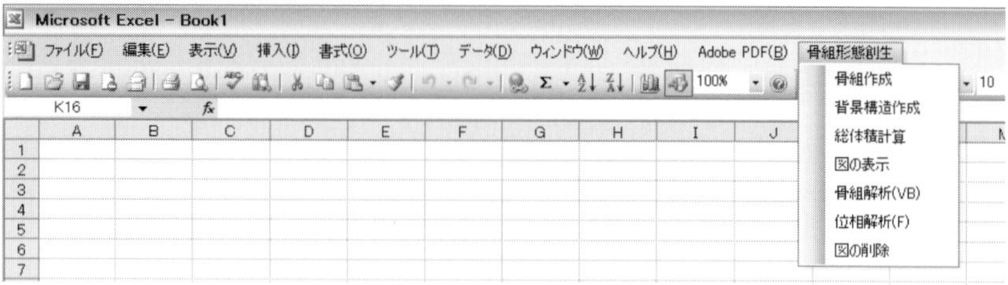

図 1.18 追加された Otto_2D のメニュー

Isler_2D についても，まったく同様の手順でメニューを表示させることができます．

なお，Otto_2D のメニューと Isler_2D のメニューは，同時に表示させないようにしてください．これは，Otto_2D と Isler_2D のマクロプログラムで同じ名前のサブルーチンがあり，プログラムが誤動作を起こす可能性があるからです．メニューを消去するには，図 1.17 のアドインファイル名のチェックボックスをオフにします．

以上で，ソフトを利用する準備は完了ですから，後は，第 5 章，第 6 章のソフトの利用法を参照してください．

1.5.4 Excel 2007 を用いる場合

最後に，Excel 2007 を用いる場合について補足しておきます．Excel 2007 を用いる場合は，セキュリティの変更とアドイン登録の方法が少し異なります．

Excel 2007 を用いる場合はセキュリティの設定は行わず，Excel 2007 を起動し，Otto_2D.xls を読み込んでください．そうすると，図 1.19 に示すようにセキュリティ警告が現れます．ここで，図 1.19 に示されるセキュリティ警告の「**オプション**」ボタンをクリックし，図 1.20 の画面で，「**このコンテンツを有効にする**」を選択して，「**OK**」ボタンをクリックしてください．この操作で，Otto_2D のマクロプログラムが有効になります．

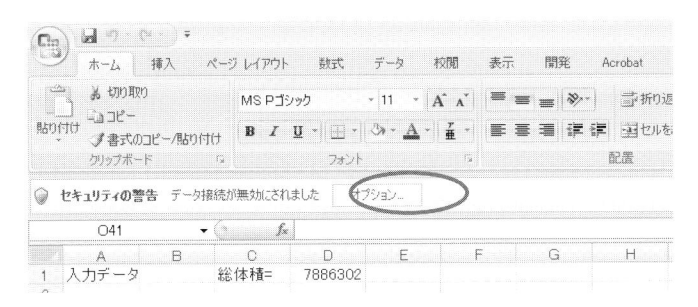

図 1.19 セキュリティ警告

図 1.20 セキュリティオプションの選択

次に，Office ボタンを選択し，「**名前を付けて保存**」―「**その他の形式**」を選択します．次に，図 1.21 に示すように，「**ファイルの種類**」で「Excel **アドイン**(*.xlam)」を選択し，「**保存**」ボタンをクリックします．

次に，「**新規作成**」で，新しいブックを起動します．Excel 2007 でアドイン登録を行うには，まず，Office ボタンをクリックして，図 1.22 に示す「**Excel のオプション**」ボタンをクリックします．次に，図 1.23 に示す「**アドイン**」メニューを選択します．次に，図 1.24 に示す画面で，「**設定**」ボタンをクリックします．そうすると，図 1.25 に示す画面が現れますので，ここで，Otto_2D を選択し，「OK」

ボタンをクリックします．そうすると，図 1.26 に示すように，Excel のメニューバーに，Otto_2D のメニューが追加されます．

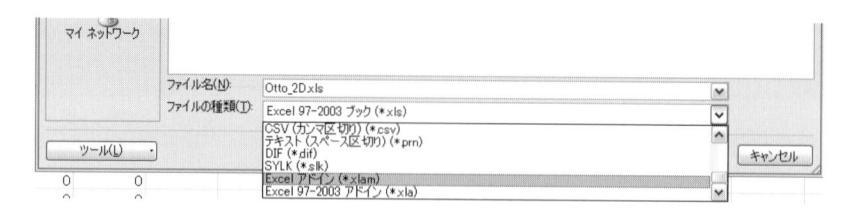

図 1.21　Excel アドインの選択

図 1.22　Excel のオプションの選択

図 1.23　アドインメニューの選択

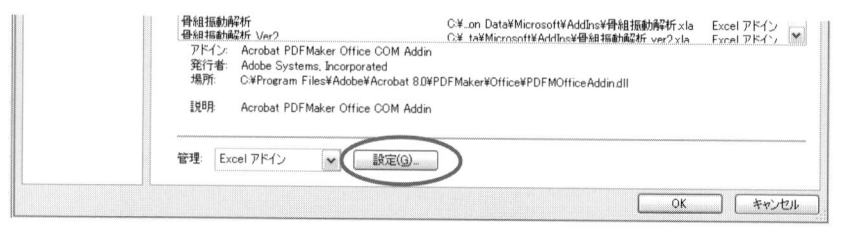

図 1.24　Excel アドインの「設定」ボタン

1.5 アドイン登録の方法　19

図 1.25　アドインファイルの選択画面

図 1.26　Otto_2D のアドインメニュー

2章　有限要素法入門

2.1　有限要素法の小史

　有限要素法を学ぶにあたって，まず，有限要素法の歴史について簡単に触れておきます．

　有限要素法の歴史は，1956年にTurner, Clough, Martin, and Toppによって，剛性法（Stiffness method）（現在の有限要素法）が提案されたことに始まります．工学の分野では，この論文が有限要素法の最初の論文とされます．しかし，有限要素法のアイデアは，それ以前にすでに存在しており，1943年Courantは，3節点三角形要素によってねじり問題を解いています．数学分野では，この論文が有限要素法の最初の論文とされます．

　ミシガン大学の菊池教授によれば，実は，この二つの論文にはつながりがあるそうです．1953年に剛性法の提案者の一人であるMartinは，ワシントン大学にPragerを招きました．ここで，Clough, Martin, Turnerらは，PragerからSyngeによって提案された"hypercircle"法に関する講義を受けています．実は，このSyngeはCourantの共同研究者だったのです．Courantの方法は，ねじり問題に適用されましたが，これは応力関数ϕに関するスカラー値問題でした．この方法は，Syngeによってhypercircle法に拡張され，弾性問題に適用されました．この問題では，$\lfloor u_x, u_y \rfloor$のベクトル値問題となり，マトリックス・ベクトルの概念が導入されています．したがって，Turner, Clough, Martin, and Toppは，Prager and Synge（1947）

によって示された方法を工学問題に応用したのです．

1954 年に Argyris は，Prager と同様の方法を提案しています．したがって，ヨーロッパでは有限要素法のはじまりは Argyris からとされます．

1963 年 Melosh は，最小ポテンシャルエネルギーの原理に基づく変位法を提案しました．1967 年 Zienkiewicz は，有限要素法のテキストを作り，アイソパラメトリック要素を提案しました．

一方，有限要素法（finite element method）という名前を初めて用いたのは 1960 年の Clough の論文であり，Clough は 1965 年に変位法を提案しています．

以上のように，有限要素法はすでに 1960 年代に確立されたものであり，コンピュータの発達とともに発展し，現在では様々な分野で使われるようになっています．

2.2 要素剛性マトリックス

2.2.1 有限要素法の概要

例として，図 2.1 左図に示されるように，ある物体の境界の一部が拘束され，また一部が外力によって引っ張られている問題を考えます．有限要素法では，このような問題を解くために，図 2.1 右図のように物体を要素と呼ばれる小領域に分割し，各要素に対して節点に作用する力（節点力）と節点の変位（節点変位）との関係式（要素剛性方程式）を求めます．そして，この要素の節点を再びつなぎ合わせて，全節点における内力と外力の釣合式（全体剛性方程式）を導き，これに境界条件（変位の拘束条件および外力の条件）を与えて解きます．したがって，考え方は非常にシンプルであり，慣れれば誰でも有限要素法のプログラムを作ることができます．

なお，建築分野で用いられるたわみ角法では，要素剛性方程式はたわみ角法の基本式に相当し，全体剛性方程式はたわみ角法の節点方程式に相当します．また，連続体の微分方程式は物体内のすべての点での釣合式であるのに対して，有限要素法では，節点（離散点）のみでの釣合式となるため，これを離散化と呼びます．

有限要素法において，まず最初に問題となるのが，要素の節点変位と節点力の関係（要素剛性方程式）をいかにして求めるかです．しかし，これは，ひずみエ

ネルギーという概念を使えば，ほとんど機械的に求めることができます．

したがって，有限要素法を理解するための知識としては，ひずみを求めるための弾性論および微分演算，ひずみエネルギーを求めるための積分演算，それに基本的なベクトル・マトリックス演算の知識があれば十分です．

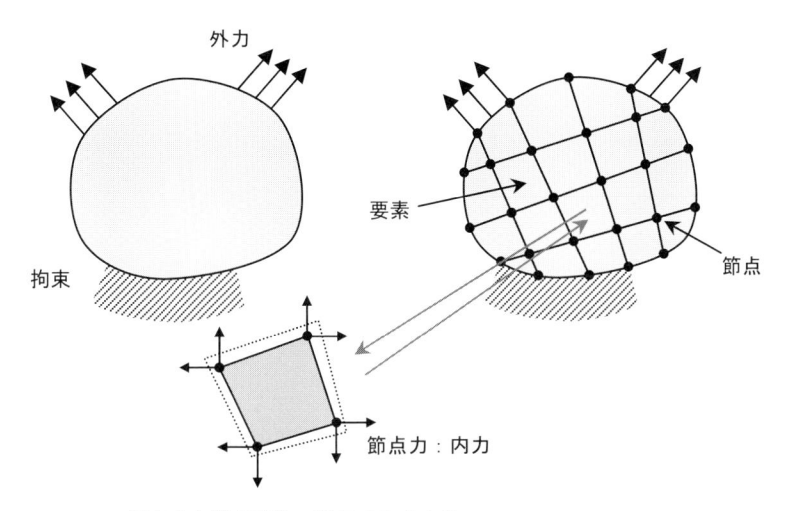

図 2.1　有限要素法による解法

2.2.2　バネとしての要素剛性

要素の節点変位と節点力を関係づけるものを要素剛性と呼びます．ここでは，この要素剛性の概念を理解するために，図 2.2 に示す 1 本のバネの場合を考えてみます．この場合，バネの変位 u とバネに作用する力 f との関係は次のようになります．

$$ku = f \tag{2.1}$$

ここで，変位と力を結びつけるものはバネ定数 k であり，このバネを一つの要素とすると，k がこの要素の剛性ということになります．したがって，要素剛性を求めれば，要素における(2.1)式のような節点変位と節点力の関係式が得られます．

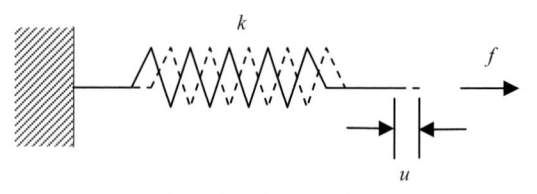

図 2.2 バネの変形と釣合

しかし，一般的にこの要素剛性求めることはそんなに容易なことではありません．そこで考えられたのが，要素のひずみエネルギーから剛性を求める方法です．初等力学の知識によれば，図 2.2 のバネに作用するひずみエネルギー V は，次式から計算されます．

$$V = \frac{1}{2}ku^2 = \frac{1}{2}uku \tag{2.2}$$

したがって，ひずみエネルギーの計算において，変位を両側から掛けられる係数が剛性 k ということになります．この考え方を使えば，要素の剛性は非常に容易に，しかも機械的に求めることが可能です．

2.2.3 要素剛性マトリックスの導出法

ここでは，図 2.3 に示す 2 次元の問題を例にひずみエネルギーを利用した要素剛性マトリックスの導出法を示します．なお，以下では，ベクトルとマトリックスの概念を導入し，ベクトルおよびマトリックスは太字（Bold）で表すことにします．

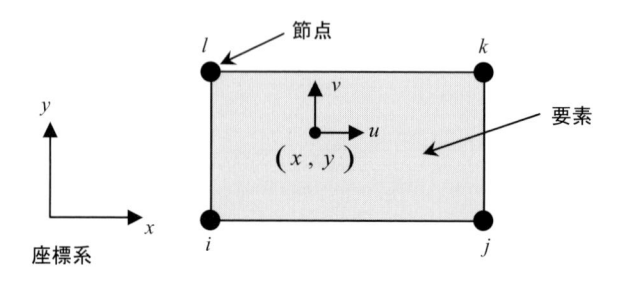

図 2.3 有限要素

2.2 要素剛性マトリックス

以下に示すように，標準的な有限要素法では，要素剛性マトリックスは，3 つのステップを経て機械的に導出できます．

Step 1: 要素内の変位分布を補間関数を用いて節点変位で表す．

まず，第 1 ステップとして，要素内の任意の点 (x,y) の x,y 方向の変位 $u(x,y), v(x,y)$ を各節点の x,y 方向の変位を成分とするベクトル $\mathbf{u}^e, \mathbf{v}^e$ を用いて表します．この場合，次式のように書けます．

$$u(x,y) = \mathbf{N}(x,y)\mathbf{u}^e \\ v(x,y) = \mathbf{N}(x,y)\mathbf{v}^e \tag{2.3}$$

ここで，$\mathbf{N}$ は要素内の任意点の変位と節点変位を関係づけるマトリックスで，形状関数マトリックスと呼ばれます．なお，この形状関数マトリックスの具体的な導出法に関しては後の章で述べます．また，(2.3)式の節点変位ベクトル $\mathbf{u}^e, \mathbf{v}^e$ を成分表示すると次のようになります．

$$\mathbf{u}^e = \lfloor u_i \quad u_j \quad u_k \quad u_l \rfloor, \quad \mathbf{v}^e = \lfloor v_i \quad v_j \quad v_k \quad v_l \rfloor \tag{2.4}$$

ここで，u_i, v_i は，i 節点の x,y 方向変位を表します．

Step 2: ひずみ－変位関係式を用いてひずみを節点変位で表す．

第 2 ステップとして，弾性論におけるひずみと変位の関係を用いて，要素内のひずみを節点変位で表します．図 2.3 の問題の場合，ひずみと変位の関係は次式で表されます．ただし，微小変形（ひずみ－変位関係が線形）を仮定しています．

$$\varepsilon_x = \frac{\partial u}{\partial x}, \quad \varepsilon_y = \frac{\partial v}{\partial y}, \quad \gamma_{xy} = \frac{\partial u}{\partial y} + \frac{\partial v}{\partial x} \tag{2.5}$$

ここで，$\varepsilon_x, \varepsilon_y$ は x,y 方向の垂直ひずみ，γ_{xy} は xy 面内のせん断ひずみを表します．(2.5)式に(2.3)式を代入すると，

$$\varepsilon_x = \frac{\partial \mathbf{N}}{\partial x}\mathbf{u}^e, \quad \varepsilon_y = \frac{\partial \mathbf{N}}{\partial y}\mathbf{v}^e, \quad \gamma_{xy} = \frac{\partial \mathbf{N}}{\partial y}\mathbf{u}^e + \frac{\partial \mathbf{N}}{\partial x}\mathbf{v}^e \tag{2.6}$$

(2.6)式を，ひずみベクトル $\boldsymbol{\varepsilon} = \lfloor \varepsilon_x \quad \varepsilon_y \quad \gamma_{xy} \rfloor$ を用いて表し，また，節点変位ベクトルをまとめて $\mathbf{d}^e = \lfloor \mathbf{u}^e \quad \mathbf{v}^e \rfloor$ で表すと次のようになります．

$$\boldsymbol{\varepsilon} = \begin{bmatrix} \dfrac{\partial \mathbf{N}}{\partial x} & \mathbf{0} \\ \mathbf{0} & \dfrac{\partial \mathbf{N}}{\partial y} \\ \dfrac{\partial \mathbf{N}}{\partial y} & \dfrac{\partial \mathbf{N}}{\partial x} \end{bmatrix} \begin{Bmatrix} \mathbf{u}^e \\ \mathbf{v}^e \end{Bmatrix} = \mathbf{B}\mathbf{d}^e \tag{2.7}$$

ここに，$\mathbf{B}$ は，ひずみ成分と節点変位成分を関係づけるマトリックスです．

Step 3: 節点変位で表されたひずみを用いてひずみエネルギーを求める．

最後に，ひずみエネルギー式に(2.7)式を代入すれば，節点変位と節点力の関係を表す要素剛性マトリックスが得られます．ただし，ひずみエネルギーを求めるためには，応力とひずみの間の関係式（構成式）が必要となります．ここで，ひずみと同様に応力成分もベクトル表示すると，この関係式は次のように書けます．

$$\boldsymbol{\sigma} = \mathbf{D}\boldsymbol{\varepsilon} \tag{2.8}$$

ここに，$\boldsymbol{\sigma} = \lfloor \sigma_x \; \sigma_y \; \tau_{xy} \rfloor$ であり，σ_x, σ_y は x, y 方向の垂直応力，τ_{xy} は xy 面内のせん断応力を表します．また，$\mathbf{D}$ は応力とひずみ成分を関係づけるマトリックスであり，2次元問題（等方均質弾性体）の場合，3次元から2次元に近似する過程で，以下の2つの応力とひずみの関係式があります．

平面応力仮定： $$\mathbf{D} = \dfrac{E}{1-\nu^2} \begin{bmatrix} 1 & \nu & 0 \\ \nu & 1 & 0 \\ 0 & 0 & \dfrac{(1-\nu)}{2} \end{bmatrix} \tag{2.9}$$

平面ひずみ仮定： $$\mathbf{D} = \dfrac{E(1-\nu)}{(1+\nu)(1-2\nu)} \begin{bmatrix} 1 & \dfrac{\nu}{1-\nu} & 0 \\ \dfrac{\nu}{1-\nu} & 1 & 0 \\ 0 & 0 & \dfrac{1-2\nu}{2(1-\nu)} \end{bmatrix} \tag{2.10}$$

ただし，E はヤング係数，ν はポアソン比を表します．なお，この2つの関係式の意味については弾性論の教科書を参照してください．

(2.8)式の関係を用いると，ひずみエネルギーは次式のように表されます．

$$V^e = \frac{1}{2}\int_{\Omega^e} \boldsymbol{\varepsilon}^T \boldsymbol{\sigma}\, d\Omega = \frac{1}{2}\int_{\Omega^e} \boldsymbol{\varepsilon}^T \mathbf{D}\boldsymbol{\varepsilon}\, d\Omega \tag{2.11}$$

ここに，Ω^e は要素の体積を表します．(2.11)式に(2.7)式を代入すると次のようになります．

$$V^e = \frac{1}{2}\int_{\Omega^e} \left(\mathbf{Bd}^e\right)^T \mathbf{DBd}^e\, d\Omega = \frac{1}{2}\mathbf{d}^{eT}\left(\int_{\Omega^e} \mathbf{B}^T\mathbf{DB}\, d\Omega\right)\mathbf{d}^e = \frac{1}{2}\mathbf{d}^{eT}\mathbf{k}\,\mathbf{d}^e \tag{2.12}$$

ここで，(2.12)式と(2.2)式を比較すれば，(2.12)式の **k** が要素の節点変位と節点外力の関係を与える要素剛性マトリックスであることが容易にわかります．

2.3 全体の釣合方程式とその解法

2.3.1 要素剛性マトリックスの重ね合わせ

(2.12)式の要素剛性マトリックスは，要素の節点変位と節点力を次式のように関係づけます．

$$\mathbf{kd}^e = \mathbf{f}^e \tag{2.13}$$

ここに，$\mathbf{f}^e$ は節点変位ベクトルに対応する節点力ベクトルです．

有限要素法の次の段階では，各節点での変位の適合条件（節点がつながっている条件）を用いて，すべての節点における内力と外力の釣合式を求めます．なお，この釣合式は，結局，節点変位と外力および反力との関係式になります．

例として，図 2.4 に示すように物体を 2 つの要素に分割した簡単な問題を考えます．さらに，この問題では，ポアソン効果が無いものとし，x 方向の変位のみが生じるものとします．なお，図中の数字は節点番号を表し，丸で囲まれた数字は要素番号を表します．また，q_1, q_2 は荷重値を表します．

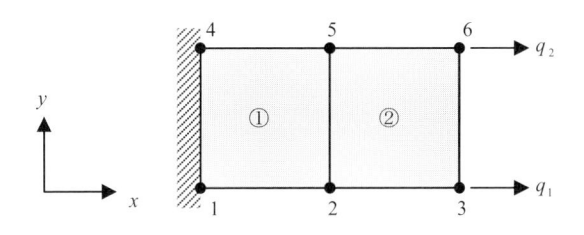

図 2.4　2 要素に分割された物体

この場合，要素①と要素②の節点変位と節点力の関係を成分で表すと，(2.13)式より次のようになります．

要素①：
$$\begin{bmatrix} k_{11}^{(1)} & & & \text{sym.} \\ k_{21}^{(1)} & k_{22}^{(1)} & & \\ k_{31}^{(1)} & k_{32}^{(1)} & k_{33}^{(1)} & \\ k_{41}^{(1)} & k_{42}^{(1)} & k_{43}^{(1)} & k_{44}^{(1)} \end{bmatrix} \begin{Bmatrix} u_1 \\ u_2 \\ u_5 \\ u_4 \end{Bmatrix} = \begin{Bmatrix} f_1^{(1)} \\ f_2^{(1)} \\ f_5^{(1)} \\ f_4^{(1)} \end{Bmatrix} \quad (2.14)$$

要素②：
$$\begin{bmatrix} k_{11}^{(2)} & & & \text{sym.} \\ k_{21}^{(2)} & k_{22}^{(2)} & & \\ k_{31}^{(2)} & k_{32}^{(2)} & k_{33}^{(2)} & \\ k_{41}^{(2)} & k_{42}^{(2)} & k_{43}^{(2)} & k_{44}^{(2)} \end{bmatrix} \begin{Bmatrix} u_2 \\ u_3 \\ u_6 \\ u_5 \end{Bmatrix} = \begin{Bmatrix} f_2^{(2)} \\ f_3^{(2)} \\ f_6^{(2)} \\ f_5^{(2)} \end{Bmatrix} \quad (2.15)$$

なお，要素剛性マトリックス **k** は，(2.12)式から明らかなように対称性を有します．

ここで，要素①と要素②をつなぎ合わせた場合の節点変位と節点力の関係を考えると次のようになります．

$$\begin{bmatrix} K_{11} & & & & & \text{sym.} \\ K_{21} & K_{22} & & & & \\ K_{31} & K_{32} & K_{33} & & & \\ K_{41} & K_{42} & K_{43} & K_{44} & & \\ K_{51} & K_{52} & K_{53} & K_{54} & K_{55} & \\ K_{61} & K_{62} & K_{63} & K_{64} & K_{65} & K_{66} \end{bmatrix} \begin{Bmatrix} u_1 \\ u_2 \\ u_3 \\ u_4 \\ u_5 \\ u_6 \end{Bmatrix} = \begin{Bmatrix} r_1 \\ 0 \\ q_1 \\ r_4 \\ 0 \\ q_2 \end{Bmatrix} \quad (2.16)$$

ここに，K_{ij} は，物体全体の剛性マトリックスの i 行 j 列成分です．また，r_1, r_4 は，節点 1, 4 での反力を表します．なお，節点 2, 5 では，要素同士の節点力（内力）が釣り合って 0 になります．

問題は，(2.14)式，(2.15)式の要素剛性方程式からどうやって(2.16)式の全体剛性方程式を作るかです．要は，各節点で，節点力の釣合式を作ればよいのです．例えば，節点 2 では $f_2^{(1)} + f_2^{(2)} = 0$ に(2.14)式と(2.15)式の関係を代入するわけです．

実は，これも機械的にできます．すなわち，(2.14)，(2.15)式の節点変位成分と節点力成分の番号に注目し，節点変位成分の番号を列番号，節点力成分の番号を行番号とします．理解を促すために，(2.14)式，(2.15)式の剛性マトリックスの各成分について，行列番号を書いてみます．

$$\begin{bmatrix} (1,1) & & & & \text{sym.} \\ (2,1) & (2,2) & & & \\ (5,1) & (5,2) & (5,5) & & \\ (4,1) & (4,2) & (4,5) & (4,4) \end{bmatrix} \begin{Bmatrix} u_1 \\ u_2 \\ u_5 \\ u_4 \end{Bmatrix} = \begin{Bmatrix} f_1^{(1)} \\ f_2^{(1)} \\ f_5^{(1)} \\ f_4^{(1)} \end{Bmatrix} \quad (2.17)$$

$$\begin{bmatrix} (2,2) & & & & \text{sym.} \\ (3,2) & (3,3) & & & \\ (6,2) & (6,3) & (6,6) & & \\ (5,2) & (5,3) & (5,6) & (5,5) \end{bmatrix} \begin{Bmatrix} u_2 \\ u_3 \\ u_6 \\ u_5 \end{Bmatrix} = \begin{Bmatrix} f_2^{(2)} \\ f_3^{(2)} \\ f_6^{(2)} \\ f_5^{(2)} \end{Bmatrix} \quad (2.18)$$

この行列番号を(2.16)式の全体剛性マトリックスの行列番号として，(2.14), (2.15)式の要素剛性マトリックスの成分を代入すれば，自然に各節点での釣合式を作ることができます．なお，行列番号が重なった場合は，その成分同士を足し合わせます．この作業を一般に要素剛性マトリックスの重ね合わせと呼んでいます．この場合，(2.16)式は次のようになります．

$$\begin{bmatrix} k_{11}^{(1)} & & & & & \text{sym.} \\ k_{21}^{(1)} & k_{22}^{(1)}+k_{11}^{(2)} & & & & \\ 0 & k_{21}^{(2)} & k_{22}^{(2)} & & & \\ k_{41}^{(1)} & k_{42}^{(1)} & 0 & k_{44}^{(1)} & & \\ k_{31}^{(1)} & k_{32}^{(1)}+k_{41}^{(2)} & k_{42}^{(2)} & k_{43}^{(1)} & k_{33}^{(1)}+k_{44}^{(2)} & \\ 0 & k_{31}^{(2)} & k_{32}^{(2)} & 0 & k_{43}^{(2)} & k_{33}^{(2)} \end{bmatrix} \begin{Bmatrix} u_1 \\ u_2 \\ u_3 \\ u_4 \\ u_5 \\ u_6 \end{Bmatrix} = \begin{Bmatrix} r_1 \\ 0 \\ q_1 \\ r_4 \\ 0 \\ q_2 \end{Bmatrix} \quad (2.19)$$

1節点の自由度が，u, v の2自由度になると，以上の操作は多少複雑になりますが，プログラムに書けばいとも簡単です．まず，プログラミングする場合には，各要素の節点番号情報が必要となります．FORTRAN プログラミングでは，これを次のように与えます．なお，要素情報を与える変数名は，要素個々の情報という意味で indv という変数名を用いています．

```
indv(1, 1) = 1     ! 要素①の1番目の節点番号
indv(1, 2) = 2     ! 要素①の2番目の節点番号
indv(1, 3) = 5     ! 要素①の3番目の節点番号
indv(1, 4) = 4     ! 要素①の4番目の節点番号
indv(2, 1) = 2     ! 要素②の1番目の節点番号
indv(2, 2) = 3     ! 要素②の2番目の節点番号
indv(2, 3) = 6     ! 要素②の3番目の節点番号
indv(2, 4) = 5     ! 要素②の4番目の節点番号          (pr2.1)
```

以上の情報を用いると，要素剛性マトリックスの重ね合わせは次のように書けます．ただし，ディメンジョン宣言等は省略しています．

```
nod = 6      ! 節点数
nel = 2      ! 要素数
nnd = 4      ! 1要素の節点数
ndg = 2      ! 1節点の自由度数

do i=1, nod*ndg     ! nod*ndg；全体剛性マトリックスの自由度
  do j=1, nod*ndg
    GK(i, j)=0. d0     ! 全体剛性マトリックスのゼロクリアー
  end do
end do

do n = 1, nel                   ! 1～（要素数）までの繰り返し
  call Ekmatrix(EK, E, P, x, y)  ! 要素剛性マトリックスの計算
  do ip = 1, nnd                ! 1～（1要素の節点数）までの繰り返し
    do i = 1, ndg               ! 1～（1節点の自由度数）までの繰り返し
      iL = ndg*( ip-1) + i              ! 要素剛性マトリックスの行番号
      iG = ndg*( indv(n, ip)-1) + j     ! 全体剛性マトリックスの行番号
      do jp = 1, nnd            ! 1～（1要素の節点数）までの繰り返し
        do j = 1, ndg           ! 1～（1節点の自由度数）までの繰り返し
          jL = ndg*( jp-1) + j            ! 要素剛性マトリックスの列番号
          jG = ndg*( indv(n, jp)-1) + j   ! 全体剛性マトリックスの行番号
          GK(iG, jG) = GK(iG, jG) + EK(iL, jL)   ! 重ね合わせ
        end do          ! j  の繰り返し
      end do            ! jp の繰り返し
    end do              ! i  の繰り返し
  end do                ! ip の繰り返し
end do                  ! n  の繰り返し
```
(pr2.2)

以上のプログラムは，要素数，節点数，自由度数等を変えれば，一般的に用いることができます．ただし，このプログラムを用いる場合，要素剛性マトリックスは，例えば(2.7)式の $\mathbf{d}^e$ が，

$$\mathbf{d}^e = \lfloor u_i \quad v_i \quad u_j \quad v_j \quad u_k \quad v_k \quad u_l \quad v_l \rfloor \tag{2.20}$$

となるように並べ変える必要があります．

2.3.2　境界条件の設定

(2.19)式を解くためには，変位の拘束条件(境界条件)を入れる必要があります．図2.4より，この問題では，1と4の節点が拘束されています．すなわち，$u_1 = 0$，

2.3 全体の釣合方程式とその解法

$u_4 = 0$ です．したがって，(2.19)式は次式のように書けます．

$$\begin{bmatrix} k_{11}^{(1)} & & & & & \text{sym.} \\ k_{21}^{(1)} & k_{22}^{(1)}+k_{11}^{(2)} & & & & \\ 0 & k_{21}^{(2)} & k_{22}^{(2)} & & & \\ k_{41}^{(1)} & k_{42}^{(1)} & 0 & k_{44}^{(1)} & & \\ k_{31}^{(1)} & k_{32}^{(1)}+k_{41}^{(2)} & k_{42}^{(2)} & k_{43}^{(1)} & k_{33}^{(1)}+k_{44}^{(2)} & \\ 0 & k_{31}^{(2)} & k_{32}^{(2)} & 0 & k_{43}^{(2)} & k_{33}^{(2)} \end{bmatrix} \begin{Bmatrix} 0 \\ u_2 \\ u_3 \\ 0 \\ u_5 \\ u_6 \end{Bmatrix} = \begin{Bmatrix} r_1 \\ 0 \\ q_1 \\ r_2 \\ 0 \\ q_2 \end{Bmatrix} \quad (2.21)$$

上式を解くために，まず，外力が既知の行を行列の上側に集め，外力が未知のものを行列の下側に集めます．また，変位が未知の列を左側に集め，変位が既知の列を右側に集める操作を行います．この場合，(2.21)式は次のように書けます．

$$\begin{bmatrix} k_{22}^{(1)}+k_{11}^{(2)} & & & & & \text{sym.} \\ k_{21}^{(2)} & k_{22}^{(2)} & & & & \\ k_{32}^{(1)}+k_{41}^{(2)} & k_{42}^{(2)} & k_{33}^{(1)}+k_{44}^{(2)} & & & \\ k_{31}^{(2)} & k_{32}^{(2)} & k_{43}^{(2)} & k_{33}^{(2)} & & \\ k_{21}^{(1)} & 0 & k_{31}^{(1)} & 0 & k_{11}^{(1)} & \\ 0 & k_{42}^{(1)} & k_{43}^{(1)} & 0 & k_{41}^{(1)} & k_{44}^{(1)} \end{bmatrix} \begin{Bmatrix} u_2 \\ u_3 \\ u_5 \\ u_6 \\ 0 \\ 0 \end{Bmatrix} = \begin{Bmatrix} 0 \\ q_1 \\ 0 \\ q_2 \\ r_1 \\ r_2 \end{Bmatrix} \quad (2.22)$$

(2.22)式において，未知の変位ベクトルを $\mathbf{u} = \lfloor u_2 \; u_3 \; u_5 \; u_6 \rfloor$，既知の変位ベクトルを $\bar{\mathbf{u}} = \lfloor 0 \; 0 \rfloor$ と表します．また，外力も既知のものを $\bar{\mathbf{f}} = \lfloor 0 \; q_1 \; 0 \; q_2 \rfloor$，未知のものを $\mathbf{f} = \lfloor r_1 \; r_2 \rfloor$ と表すと，(2.22)式は次のように書けます．

$$\begin{bmatrix} \mathbf{K}_{uu} & \mathbf{K}_{u\bar{u}}^T \\ \mathbf{K}_{u\bar{u}} & \mathbf{K}_{\bar{u}\bar{u}} \end{bmatrix} \begin{Bmatrix} \mathbf{u} \\ \bar{\mathbf{u}} \end{Bmatrix} = \begin{Bmatrix} \bar{\mathbf{f}} \\ \mathbf{f} \end{Bmatrix} \quad (2.23)$$

上式は，まず，上側の未知の変位を求める方程式

$$\mathbf{K}_{uu}\mathbf{u} = \bar{\mathbf{f}} - \mathbf{K}_{u\bar{u}}^T \bar{\mathbf{u}} \quad (2.24)$$

が解かれて，未知の変位ベクトル $\mathbf{u}$ が求められます．次に，得られた変位から次式によって未知の反力が求められます．

$$\mathbf{f} = \mathbf{K}_{u\bar{u}}\mathbf{u} + \mathbf{K}_{\bar{u}\bar{u}}\bar{\mathbf{u}} \quad (2.25)$$

ただし，既知の変位成分がすべて0（拘束条件）の場合は，(2.24)式の $\mathbf{K}_{u\bar{u}}^T \bar{\mathbf{u}}$ と(2.25)式の $\mathbf{K}_{\bar{u}\bar{u}}\bar{\mathbf{u}}$ は0になります．また，反力の計算を必要としない場合は，(2.24)式のみを解けばよいことになります．

以上の行列の入れ替え等も，プログラム上では簡単に行うことができます．テクニックとしては，あらかじめ全体剛性マトリックスの全自由度（節点数×1 節点の自由度）に番号を付けておき，変位が既知である場合には，この番号をマイナスにする方法，あるいは既知の変位成分が 0 で，反力計算が必要ない場合は，既知の変位成分の自由度番号を 0 にして，0 を飛ばして番号を付け替える方法があります．この自由度番号を参照すれば，(2.24), (2.25)式は機械的に作ることができます．(2.21)式の場合，この自由度番号をプログラムに書くと以下のようになります．

```
idof(1) = -1         idof(1) = 0
idof(2) =  2         idof(2) = 1
idof(3) =  3         idof(3) = 2
idof(4) = -4         idof(4) = 0
idof(5) =  5         idof(5) = 3
idof(6) =  6         idof(6) = 4            (pr2.3)
```

本書のプログラムでは左の番号付けを採用しています．詳しくは，ソースプログラムを読んでください．

2.3.3　連立方程式の解法

(2.24)式の未知変位 **u** を求めるためには，(2.24)式の連立方程式を解く必要があります．有限要素法では，全体剛性マトリックスが正値対称になること，また，マトリックスの対角周辺以外は 0 が非常に多いこと（バンド構造）などを考慮して，コンピュータのメモリの節約および計算効率を高めた様々な解法が提案されています．本書付属の解析プログラムでは，このような連立方程式の解法としてスカイライン法と呼ばれる直接法（反復計算を必要としない方法）を用いています．

なお，本書で用いているスカイライン法は，山田，横内（1981）の著書で紹介されているものです．このプログラムでは，マトリックスのスカイライン高さをあらかじめ計算するサブルーチンがあり，このサブルーチンでは，マトリックスのスカイライン高さを次のように計算します．例えば，以下の左側の 6×6 の剛性マトリックスにおいて，＊のところに値があるものとします．この場合，右のような番号付けがなされて，プログラム引数の indsk という変数に対角項の数字

（1,3,5,8,12,16）が代入されて返されます．

$$\begin{bmatrix} * & * & 0 & 0 & 0 & 0 \\ & * & * & * & * & 0 \\ & & * & * & 0 & * \\ & & & * & 0 & * \\ & & & & * & 0 \\ \text{sym.} & & & & & * \end{bmatrix} \qquad \begin{bmatrix} 1 & 2 & & & & \\ & 3 & 4 & 6 & 9 & \\ & & 5 & 7 & 10 & 13 \\ & & & 8 & 11 & 14 \\ & & & & 12 & 15 \\ \text{sym.} & & & & & 16 \end{bmatrix}$$

そして，この indsk が全体剛性マトリックスを作成する際に使われます．

　以上の点を頭の隅においておけば，本書付属ソフトの解析プログラムが容易に読めるものと思われます．

3章　骨組の最適構造を求める方法

3.1　グランドストラクチャ法

　本章では，グランドストラクチャ法と呼ばれる方法で，建築骨組構造の最適な形を求める方法を示します．

　たとえば，図 3.1 に示すように，梁と，柱を支えるピン支持点のみが存在し，梁に鉛直等分布荷重が加わる問題を考えてみましょう．このとき，ラーメン構造のイメージを忘れて，"?"の設計領域（グレーの領域）に，より軽くて強い（ここでは剛性の高い）骨組構造の形を創生することを考えます．

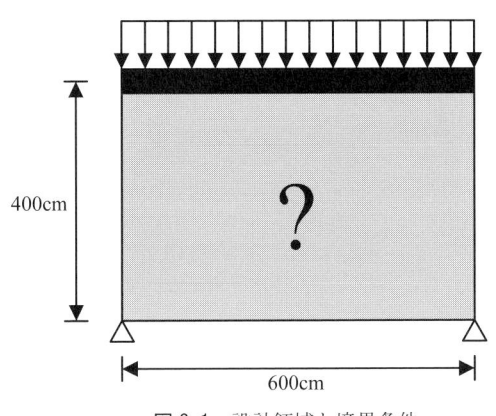

図 3.1　設計領域と境界条件

36　第3章　骨組の最適構造を求める方法

　グランドストラクチャ法では，その名のとおり，まず，最適な形を求めるためのグランドストラクチャ（下地構造または背景構造）を仮定します．図 3.1 の問題の場合，たとえば図 3.2 のようなグランドストラクチャを仮定します．そして，これから数学的な最適化の手法を使って，不要な部材を除いていくと，図 3.3 に示すような最適な骨組の形が求まります．図からわかるように，鉛直荷重に対する骨組の最適な形は，垂直な柱と水平の梁からなるラーメン構造ではなく，柱がやや傾いた形になります．

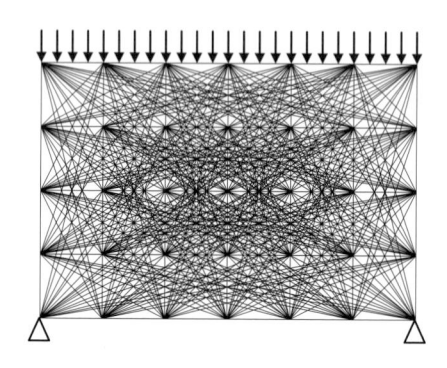

図 3.2　グランドストラクチャ

図 3.3　Otto_2D によって得られた最適な形

　以上のように，一口で言ってしまえば簡単な方法に思えますが，聡明な読者はすぐに疑問がわいてくると思います．それは，図 3.2 のようなグランドストラク

チャを仮定してしまうと，図 3.3 の最適な形は，仮定したグランドストラクチャに依存し，図 3.1 の"？"の領域で真に最適な形かどうかはわからないという疑問です．これは実はそのとおりで，これがグランドストラクチャ法の限界でもあります．より，厳密な形を求めようとすると，節点数を増やすか，あるいは節点位置も設計の対象として移動させる必要があります．

しかし，設計に用いる場合，必ずしも厳密な最適解が必要とされるわけではありませんから，設計者の意図に合わせて，適切なグランドストラクチャを設定します．例えば，図 3.3 の柱の傾きをもっと正確に求めたい場合，図 3.4 のようなグランドストラクチャを設定します．ここでは，節点を領域の上下端のみに配置し，また節点間を狭めています．この場合の最適な形が図 3.5 に示されます．図より，よりシンプルな形態が得られていることがわかります．

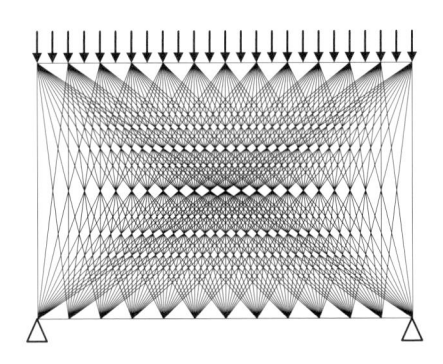

図 3.4　上下端のみに節点を配置したグランドストラクチャ

図 3.5　Otto_2D によって得られた最適な形

さて，次に考えることは，図 3.2, 3.4 のグランドストラクチャから図 3.3, 3.5 の形を求める場合に，何を基準にどれだけの部材を除くのかという点です．一般には，部材に生じる最大応力をある与えられた値以下に制約して，部材の総体積あるいは総質量を最小化するように部材を除いていくのが自然な考え方です．しかし，この方法は意外に難しいのです．実は，図 3.4 から図 3.5 を求める最適化問題では，部材の断面積を設計変数（最適化の対象）にするのですが，この方法では最適化の過程で不必要な部材の断面積は徐々に小さくなります．しかし，部材に生じる応力は，部材の断面積が小さくなるほど大きくなり，断面積が 0 になると無限大に発散します．したがって，最大応力を制約することに矛盾が生じてしまうのです．

このような問題を解決するために，応力という物理量ではなく，部材に蓄えられるひずみエネルギーによって，その部材が必要かどうかを判断する方法が提案されています．すなわち，ひずみエネルギーは部材の体積に関して積分される量ですから部材が細くなって応力が発散してもひずみエネルギーは発散しません．また，全部材に蓄えられるひずみエネルギーの総和の 2 倍は，外力のなす仕事量（外力×作用点の変位）に釣り合います．したがって，外力が一定なら全部材のひずみエネルギーの総和が小さいほどその構造全体の変形は小さくなり，より剛な構造となります．

したがって，部材の体積（質量）の総和をある与えられた値以下に制限して，部材のひずみエネルギーの総和（外力仕事量）を最小化すれば，限られた部材でもっとも剛性の高い合理的な構造が求まることになります．

なお，この外力のなす仕事量（ひずみエネルギーの 2 倍）をこの分野の専門家はコンプライアンス（たわみ性）と呼んでいます（たわみ性は剛性の逆数で，外力が一定の場合，仕事量は変位に比例するため，外力仕事量をコンプライアンスと呼びます）．

本書では，総質量の制約下でコンプライアンスを最小化する方法によって，図 3.3, 3.5 のような最適な形を求めています．以下では，その具体的な方法について説明します．

3.2 グランドストラクチャの有限要素解析

まず,グランドストラクチャ法で骨組構造の形を求める問題を解く場合,グランドストラクチャの各部材に生じるひずみエネルギーを計算する必要があります.前章に示したように,有限要素法を用いると,ひずみエネルギーは剛性マトリックスの両側に節点変位ベクトルを掛けたものですから,有限要素の節点変位成分が求まればひずみエネルギーは容易に計算できます.そこで,以下では,まず,グランドストラクチャを有限要素法を用いて解く方法を説明します.

3.2.1 軸方向変形に対する要素剛性マトリックス

ここでは,第2章の2.2.3項に示した方法により,まず,グランドストラクチャの部材が軸方向に変形した場合の要素剛性マトリックスを導きます.なお,本書では,グランドストラクチャの2節点間を結ぶ部材を1つの要素とし,以下では,部材を要素と呼ぶことにします.

図3.6は,要素の軸方向変形を表します.図では,要素長さをl,節点の記号をi, j,要素内の任意点の座標をx,座標x点の材軸方向変位を$u(x)$,要素両端の変位をu_i, u_jで示しています.

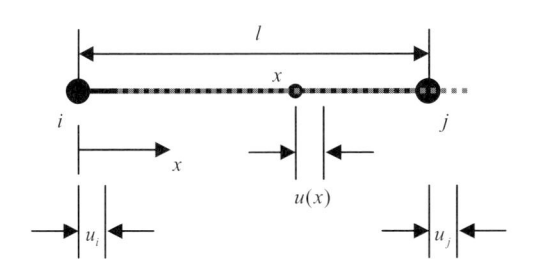

図3.6 部材の軸方向変形に関する有限要素

Step 1: 要素内の変位分布を補間関数を用いて節点変位で表す.

第2章に示したように,要素剛性マトリックスを求める第一ステップは,要素内の変位分布を補間関数を用いて節点変位で表すことです.この場合,要素内の軸方向の変位が線形に変化すると仮定すると,次のように書けます.

$$u(x) = c_0 + c_1 x \tag{3.1}$$

ここに，c_0, c_1 は未定係数であり，節点変位との関係は次式で表されます．

$$\begin{aligned} u(0) &= c_0 = u_i \\ u(l) &= c_0 + c_1 l = u_j \end{aligned} \quad (3.2)$$

(3.2)式より，未定係数と節点変位の関係をベクトルとマトリックスで表示すると，

$$\begin{bmatrix} 1 & 0 \\ 1 & l \end{bmatrix} \begin{Bmatrix} c_0 \\ c_1 \end{Bmatrix} = \begin{Bmatrix} u_i \\ u_j \end{Bmatrix} \quad (3.3)$$

上式を解くと，

$$\begin{Bmatrix} c_0 \\ c_1 \end{Bmatrix} = \begin{bmatrix} 1 & 0 \\ -\dfrac{1}{l} & \dfrac{1}{l} \end{bmatrix} \begin{Bmatrix} u_i \\ u_j \end{Bmatrix} \quad (3.4)$$

上式を(3.1)式に代入すると，

$$u(x) = c_0 + c_1 x = \begin{bmatrix} 1 & x \end{bmatrix} \begin{Bmatrix} c_0 \\ c_1 \end{Bmatrix} = \begin{bmatrix} 1 & x \end{bmatrix} \begin{bmatrix} 1 & 0 \\ -\dfrac{1}{l} & \dfrac{1}{l} \end{bmatrix} \begin{Bmatrix} u_i \\ u_j \end{Bmatrix} = \begin{bmatrix} 1-\dfrac{x}{l} & \dfrac{x}{l} \end{bmatrix} \begin{Bmatrix} u_i \\ u_j \end{Bmatrix} = \mathbf{N}\mathbf{d}^e \quad (3.5)$$

上式により，要素内の変位分布 $u(x)$ が節点変位 u_i, u_j によって表されました．

Step 2: ひずみ－変位関係式を用いてひずみを節点変位で表す．

軸方向変形に対するひずみ－変位関係式は次式で表されます．

$$\varepsilon_x = \frac{\partial u}{\partial x} \quad (3.6)$$

上式に(3.5)式を代入すると次式となります．

$$\varepsilon_x = \frac{\partial \mathbf{N}}{\partial x} \mathbf{d}^e = \begin{bmatrix} -\dfrac{1}{l} & \dfrac{1}{l} \end{bmatrix} \begin{Bmatrix} u_i \\ u_j \end{Bmatrix} = \mathbf{B}\mathbf{d}^e \quad (3.7)$$

Step 3: 節点変位で表されたひずみを用いてひずみエネルギーを求める．

軸方向変形に対する応力－ひずみ関係式は次式となります．

$$\sigma_x = E\varepsilon_x \quad (3.8)$$

ここに，E はヤング係数．したがって，ひずみエネルギーは次式で表されます．

$$V^e = \frac{1}{2}\int_{\Omega^e} \varepsilon_x E \varepsilon_x d\Omega \quad (3.9)$$

(3.9)式に(3.7)式を代入すると，

3.2 グランドストラクチャの有限要素解析　41

$$V^e = \frac{1}{2}\mathbf{d}^{eT}\int_0^l \left(\iint \mathbf{B}^T E \mathbf{B} dy dz\right) dx\, \mathbf{d}^e = \frac{1}{2}\begin{bmatrix} u_i & u_j \end{bmatrix}\frac{EA}{l}\begin{bmatrix} 1 & -1 \\ -1 & 1 \end{bmatrix}\begin{Bmatrix} u_i \\ u_j \end{Bmatrix} \tag{3.10}$$

ここに，A は次式で定義される断面積です．

$$A = \iint dy dz \tag{3.11}$$

したがって，軸方向変形に対する要素剛性マトリックスは次式となります．

$$\mathbf{k}^p = \frac{EA}{l}\begin{bmatrix} 1 & -1 \\ -1 & 1 \end{bmatrix} \tag{3.12}$$

3.2.2　曲げ変形に対する要素剛性マトリックス

次に，部材の曲げ変形に対する要素剛性マトリックスを導出します．

図 3.7 は，要素の曲げ変形を示しています．図では，要素内部の任意点のたわみ（y 方向変位）を $v(x)$，要素両端節点でのたわみを v_i, v_j，また両端節点でのたわみの x に関する微分値（回転角）を v_i', v_j' で表しています．

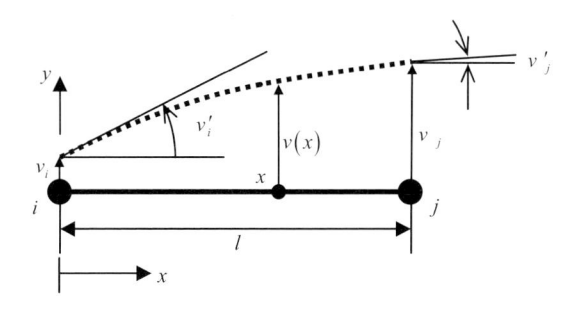

図 3.7　部材の曲げ変形に関する有限要素

Step 1: 要素内の変位分布を補間関数を用いて節点変位で表す．

要素内の変位分布を 3 次の多項式で近似します．

$$v(x) = c_0 + c_1 x + c_2 x^2 + c_3 x^3 \tag{3.13}$$

ここに，$c_0, \cdots, c_3$ は未定係数を表します．上式を x で微分すると，

$$v'(x) = c_1 + 2c_2 x + 3c_3 x^2 \tag{3.14}$$

ただし，ダッシュは x に関する微分を表します．節点変位と未定係数の関係は，

$$v(0) = c_0 = v_i$$
$$v'(0) = c_1 = v'_i$$
$$v(l) = c_0 + c_1 l + c_2 l^2 + c_3 l^3 = v_j \quad (3.15)$$
$$v'(l) = c_1 + 2c_2 l + 3c_3 l^2 = v'_j$$

未定係数と節点変位の関係をベクトル・マトリックスで表示すると,

$$\begin{bmatrix} 1 & 0 & 0 & 0 \\ 0 & 1 & 0 & 0 \\ 1 & l & l^2 & l^3 \\ 0 & 1 & 2l & 3l^2 \end{bmatrix} \begin{Bmatrix} c_0 \\ c_1 \\ c_2 \\ c_3 \end{Bmatrix} = \begin{Bmatrix} v_i \\ v'_i \\ v_j \\ v'_j \end{Bmatrix} \quad (3.16)$$

上式を解くと次式のようになります.

$$\begin{Bmatrix} c_0 \\ c_1 \\ c_2 \\ c_3 \end{Bmatrix} = \begin{bmatrix} 1 & 0 & 0 & 0 \\ 0 & 1 & 0 & 0 \\ -\dfrac{3}{l^2} & -\dfrac{2}{l} & \dfrac{3}{l^2} & -\dfrac{1}{l} \\ \dfrac{2}{l^3} & \dfrac{1}{l^2} & -\dfrac{2}{l^3} & \dfrac{1}{l^2} \end{bmatrix} \begin{Bmatrix} v_i \\ v'_i \\ v_j \\ v'_j \end{Bmatrix} \quad (3.17)$$

上式を(3.13)式に代入すると,次式のように要素内の変位分布を節点変位で表すことができます.

$$v(x) = \mathbf{N}\mathbf{d}^e \quad (3.18)$$

ここに,$\xi = l/x$ で表すと,$\mathbf{N}$ と $\mathbf{d}^e$ は次のようになります.

$$\mathbf{N} = \begin{bmatrix} 1 - 3\xi^2 + 2\xi^3 & l(\xi - 2\xi^2 + \xi^3) & 3\xi^2 - 2\xi^3 & l(-\xi^2 + \xi^3) \end{bmatrix}$$
$$\mathbf{d}^e = \begin{bmatrix} v_i & v'_i & v_j & v'_j \end{bmatrix} \quad (3.19)$$

Step 2: ひずみ－変位関係式を用いてひずみを節点変位で表す.

　ベルヌーイ・オイラーの仮定（変形前に材軸に直交していた断面は，曲げ変形後も変形した材軸に直交している）が成り立つとすると，x 点の断面上の x 方向変位は次式で表されます（図3.8参照）.

$$u(x, y) = -yv'(x) \quad (3.20)$$

ただし，この場合，$v(x,y)=v(x)$ です．したがって，ひずみ－変位関係式は次式のように表されます．

$$\varepsilon_x = \partial u/\partial x = -yv''(x) \tag{3.21}$$

なお，断面剛の仮定より，$\varepsilon_y = \varepsilon_z = \gamma_{yz} = 0$ であり，また $\gamma_{xy} = 0$ となります．

(3.21)式に，(3.18)式を代入すると，

$$\varepsilon_x = -y\mathbf{N}''\mathbf{d}^e = \mathbf{B}\mathbf{d}^e \tag{3.22}$$

ただし，

$$\mathbf{B} = -y\mathbf{N}''$$
$$\mathbf{N}'' = \frac{d^2\mathbf{N}}{dx^2} = \frac{1}{l^2}\begin{bmatrix} -6+12\xi & l(-4+6\xi) & 6-12\xi & l(-2+6\xi) \end{bmatrix} \tag{3.23}$$

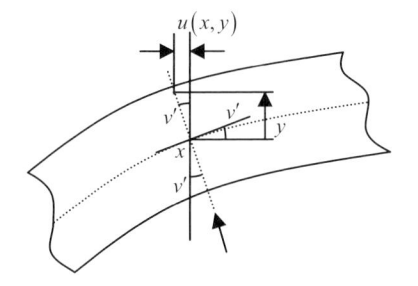

図 3.8 梁断面上の x 方向変位

Step 3: 節点変位で表されたひずみを用いてひずみエネルギーを求める．

曲げ変形の応力－ひずみ関係式も(3.8)式となるため，ひずみエネルギー式は，(3.9)式となります．したがって，(3.9)式に(3.22)式を代入すると，

$$\begin{aligned}
V^e &= \frac{1}{2}\int_{\Omega^e}\varepsilon_x E\varepsilon_x d\Omega = \frac{1}{2}\mathbf{d}^{eT}\int_0^l\left(\iint \mathbf{B}^T E\mathbf{B}dydz\right)dx\,\mathbf{d}^e \\
&= \frac{1}{2}\begin{bmatrix} v_i & v_i' & v_j & v_j' \end{bmatrix}\frac{EI}{l^3}\begin{bmatrix} 12 & & & \text{sym.} \\ 6l & 4l^2 & & \\ -12 & -6l & 12 & \\ 6l & 2l^2 & -6l & 4l^2 \end{bmatrix}\begin{Bmatrix} v_i \\ v_i' \\ v_j \\ v_j' \end{Bmatrix}
\end{aligned} \tag{3.24}$$

ここで，I は次式で定義される断面 2 次モーメントです．

$$I = \iint y^2 dydz \tag{3.25}$$

したがって，曲げ変形に対する要素剛性マトリックスは次式となります．

$$\mathbf{k}^b = \frac{EI}{l^3} \begin{bmatrix} 12 & & & \text{sym.} \\ 6l & 4l^2 & & \\ -12 & -6l & 12 & \\ 6l & 2l^2 & -6l & 4l^2 \end{bmatrix} \tag{3.26}$$

3.2.3 接合部の回転剛性を考慮した要素剛性マトリックス

部材と部材の接合部は，一般に剛接合あるいはピン接合としてモデル化される場合が多いのですが，実際には，接合部の剛性はピン接合と剛接合の間の特性を有します．そこで，本書では，グランドストラクチャを構成する要素（部材）として，接合部の回転剛性を任意に変化させることのできる図 3.9 に示すような要素を用います．このような要素を用いることで，各要素（部材）の接合部の回転剛性を変化させることができます．

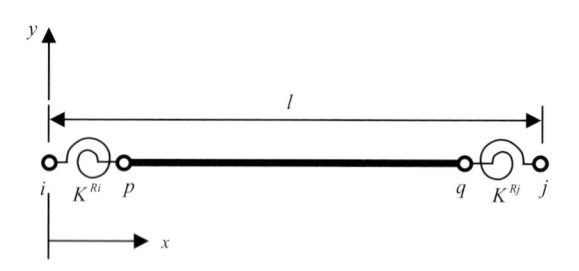

図 3.9 両端に回転バネを有する要素

図 3.9 では，節点 pq 間を通常の曲げ要素とし，その両端にバネ剛性 K^{Ri}, K^{Rj} の回転バネを有するものとします．なお，回転バネの長さは 0 とし，回転バネ剛性は次式のように 0 以上 1 以下のパラメータ λ で与えるものとします．

$$K^{Ri} = \frac{\lambda^i}{1-\lambda^i}\frac{6EI}{l}, \quad K^{Rj} = \frac{\lambda^j}{1-\lambda^j}\frac{6EI}{l} \tag{3.27}$$

このとき，$\lambda = 0$ の場合は回転バネ剛性は 0，$\lambda = 1$ の場合は回転バネ剛性は無限

大となります．

図 3.9 に示す要素の曲げ変形を考えると，節点 pq 間の要素剛性マトリックスは，(3.26)式で与えられます．また，節点 ip 間および節点 qj 間の回転バネのひずみエネルギーは，それぞれの節点の回転角を $\theta_i, \theta_p, \theta_q, \theta_j$ とすると，それぞれ次式で表されます．

$$V_i^e = \frac{1}{2}K^{Ri}(\theta_i - \theta_p)^2 = \begin{bmatrix}\theta_i & \theta_p\end{bmatrix}\begin{bmatrix}K^{Ri} & -K^{Ri}\\ -K^{Ri} & K^{Ri}\end{bmatrix}\begin{Bmatrix}\theta_i\\ \theta_p\end{Bmatrix}$$
$$V_j^e = \frac{1}{2}K^{Rj}(\theta_q - \theta_j)^2 = \begin{bmatrix}\theta_q & \theta_j\end{bmatrix}\begin{bmatrix}K^{Rj} & -K^{Rj}\\ -K^{Rj} & K^{Rj}\end{bmatrix}\begin{Bmatrix}\theta_q\\ \theta_j\end{Bmatrix} \quad (3.28)$$

したがって，節点 ip 間および節点 qj 間の回転バネに関する要素剛性マトリックスは次式となります．

$$\mathbf{k}^{Ri} = \begin{bmatrix}K^{Ri} & -K^{Ri}\\ -K^{Ri} & K^{Ri}\end{bmatrix}, \quad \mathbf{k}^{Rj} = \begin{bmatrix}K^{Rj} & -K^{Rj}\\ -K^{Rj} & K^{Rj}\end{bmatrix} \quad (3.29)$$

このとき，節点 ip, pq, qj 間の要素の節点力と内力の釣合方程式はそれぞれ次のようになります．

$$ip\ 間: \begin{bmatrix}K^{Ri} & -K^{Ri}\\ -K^{Ri} & K^{Ri}\end{bmatrix}\begin{Bmatrix}\theta_i\\ \theta_p\end{Bmatrix} = \begin{Bmatrix}M_i\\ M_p\end{Bmatrix} \quad (3.30)$$

$$pq\ 間: \frac{EI}{l^3}\begin{bmatrix}12 & & & \text{sym.}\\ 6l & 4l^2 & & \\ -12 & -6l & 12 & \\ 6l & 2l^2 & -6l & 4l^2\end{bmatrix}\begin{Bmatrix}v_p\\ \theta_p\\ v_q\\ \theta_q\end{Bmatrix} = \begin{Bmatrix}Q_p\\ M_p\\ Q_q\\ M_q\end{Bmatrix} \quad (3.31)$$

$$qj\ 間: \begin{bmatrix}K^{Rj} & -K^{Rj}\\ -K^{Rj} & K^{Rj}\end{bmatrix}\begin{Bmatrix}\theta_q\\ \theta_j\end{Bmatrix} = \begin{Bmatrix}M_q\\ M_j\end{Bmatrix} \quad (3.32)$$

ただし，図 3.9 の z 軸は直交右手系で定義されるものとし，回転角は z 座標軸の正方向（紙面の裏から表方向）に右ネジを回した方向を正とします．この場合，図 3.8 の v' と本節の節点回転角 θ は同じ向きになります．したがって，θ_p, θ_q は v'_p, v'_q に一致します．また，M_i, M_p, M_q, M_j は各節点の曲げモーメントを表し，Q_i, Q_p, Q_q, Q_j は各節点のせん断力を表します．

(3.30), (3.31), (3.32)式を，第 2 章に示したように重ね合わせると(3.33)式が得られます．ただし，(3.33)式では，$v_i = v_p$, $v_j = v_q$ の関係を用いています．また，節

点 p と q に外力が働かないとすれば，重ね合わせた後の節点 p, q の曲げモーメントは 0 になることを用いています．

$$\begin{bmatrix} \dfrac{12EI}{l^3} & 0 & \dfrac{6EI}{l^2} & \dfrac{6EI}{l^2} & -\dfrac{12EI}{l^3} & 0 & 0 \\ 0 & K^{Ri} & -K^{Ri} & 0 & 0 & 0 & 0 \\ \dfrac{6EI}{l^2} & -K^{Ri} & \dfrac{4EI}{l}+K^{Ri} & \dfrac{2EI}{l} & -\dfrac{6EI}{l^2} & 0 & 0 \\ \dfrac{6EI}{l^2} & 0 & \dfrac{2EI}{l} & \dfrac{4EI}{l}+K^{Rj} & -\dfrac{6EI}{l^2} & -K^{Rj} & 0 \\ -\dfrac{12EI}{l^3} & 0 & -\dfrac{6EI}{l^2} & -\dfrac{6EI}{l^2} & \dfrac{12EI}{l^3} & 0 & 0 \\ 0 & 0 & 0 & -K^{Rj} & 0 & K^{Rj} & \end{bmatrix} \begin{Bmatrix} v_i \\ \theta_i \\ \theta_p \\ \theta_q \\ v_j \\ \theta_j \end{Bmatrix} = \begin{Bmatrix} Q_i \\ M_i \\ 0 \\ 0 \\ Q_j \\ M_j \end{Bmatrix} \quad (3.33)$$

上式を見るとわかるように，(3.26)式に比較して，要素剛性マトリックスの自由度（行列の数）が 2 つ増えています．しかし，節点 p, q の節点力（曲げモーメント）は既知（0）であるため，以下のように上式から 2 つの自由度を減じることができます．

まず，(3.33)式の節点力が 0 となる行を取り出して式を整理すると，

$$\begin{bmatrix} \dfrac{4EI}{l}+K^{Ri} & \dfrac{2EI}{l} \\ \dfrac{2EI}{l} & \dfrac{4EI}{l}+K^{Rj} \end{bmatrix} \begin{Bmatrix} \theta_p \\ \theta_q \end{Bmatrix} = \begin{bmatrix} -\dfrac{6EI}{l^2} & K^{Ri} & \dfrac{6EI}{l^2} & 0 \\ -\dfrac{6EI}{l^2} & 0 & \dfrac{6EI}{l^2} & K^{Rj} \end{bmatrix} \begin{Bmatrix} v_i \\ \theta_i \\ v_j \\ \theta_j \end{Bmatrix} \quad (3.34)$$

また，それ以外の行を取り出して式を整理すると，

$$\begin{bmatrix} \dfrac{12EI}{l^3} & 0 & -\dfrac{12EI}{l^3} & 0 \\ 0 & K^{Ri} & 0 & 0 \\ -\dfrac{12EI}{l^3} & 0 & \dfrac{12EI}{l^3} & 0 \\ 0 & 0 & 0 & K^{Rj} \end{bmatrix} \begin{Bmatrix} v_i \\ \theta_i \\ v_j \\ \theta_j \end{Bmatrix} + \begin{bmatrix} \dfrac{6EI}{l^2} & \dfrac{6EI}{l^2} \\ -K^{Ri} & 0 \\ -\dfrac{6EI}{l^2} & -\dfrac{6EI}{l^2} \\ 0 & -K^{Rj} \end{bmatrix} \begin{Bmatrix} \theta_p \\ \theta_q \end{Bmatrix} = \begin{Bmatrix} Q_i \\ M_i \\ Q_j \\ M_j \end{Bmatrix} \quad (3.35)$$

(3.34)式を解いて(3.35)式に代入すれば，θ_p, θ_q の自由度を縮約できます．すなわち，(3.34)式の K^{Ri}, K^{Rj} に(3.27)式を代入して，(3.34)式を解くと次式が得られます．

$$\left\{\begin{matrix}\theta_p\\ \theta_q\end{matrix}\right\} = \frac{1}{t_D}\begin{bmatrix} t_{11} & t_{12} & t_{13} & t_{14} \\ t_{21} & t_{22} & t_{23} & t_{24} \end{bmatrix}\left\{\begin{matrix} v_i \\ \theta_i \\ v_j \\ \theta_j \end{matrix}\right\} \tag{3.36}$$

ここに,

$$t_{11} = \frac{(-1+\lambda^i)(1+2\lambda^j)}{l}, \quad t_{12} = \lambda^i(2+\lambda^j), \quad t_{13} = -t_{11}, \quad t_{14} = (-1+\lambda^i)\lambda^j$$

$$t_{21} = \frac{(-1+\lambda^j)(1+2\lambda^i)}{l}, \quad t_{22} = (-1+\lambda^j)\lambda^i, \quad t_{23} = -t_{21}, \quad t_{24} = \lambda^j(2+\lambda^i) \tag{3.37}$$

$$t_D = 1 + \lambda^i + \lambda^j$$

(3.36)式を(3.35)式に代入すると次式の縮約された釣合方程式が得られます.

$$\begin{bmatrix} k_{11}^b & & & \text{sym.} \\ k_{21}^b & k_{22}^b & & \\ k_{31}^b & k_{32}^b & k_{33}^b & \\ k_{41}^b & k_{42}^b & k_{43}^b & k_{44}^b \end{bmatrix}\left\{\begin{matrix} v_i \\ \theta_i \\ v_j \\ \theta_j \end{matrix}\right\} = \left\{\begin{matrix} Q_i \\ M_i \\ Q_j \\ M_j \end{matrix}\right\} \tag{3.38}$$

ここに,

$$k_{11}^b = \frac{6EI}{l^3}\frac{\lambda^i + \lambda^j + 4\lambda^i\lambda^j}{1+\lambda^i+\lambda^j}$$

$$k_{21}^b = \frac{6EI}{l^2}\frac{\lambda^i(1+2\lambda^j)}{1+\lambda^i+\lambda^j}, \quad k_{22}^b = \frac{6EI}{l}\frac{\lambda^i(1+\lambda^j)}{1+\lambda^i+\lambda^j}$$

$$k_{31}^b = -k_{11}^b, \quad k_{32}^b = -k_{21}^b, \quad k_{33}^b = k_{11}^b \tag{3.39}$$

$$k_{41}^b = \frac{6EI}{l^2}\frac{\lambda^j(1+2\lambda^i)}{1+\lambda^i+\lambda^j}, \quad k_{42}^b = \frac{6EI}{l}\frac{\lambda^i\lambda^j}{1+\lambda^i+\lambda^j}$$

$$k_{43}^b = -k_{41}^b, \quad k_{44}^b = \frac{6EI}{l}\frac{\lambda^j(1+\lambda^i)}{1+\lambda^i+\lambda^j}$$

(3.38)式の要素剛性マトリックス部分を観察すると,$\lambda^i = \lambda^j = 1$の場合,要素剛性マトリックスは(3.26)式と一致します.すなわち,図3.9の回転バネがない場合に等しくなります.また,$\lambda^i = \lambda^j = 0$の場合は,剛性マトリックスのすべての成分が0となります.したがって,この場合は要素の曲げ変形に対する剛性は0になります.

3.2.4 2次元骨組の要素剛性マトリックス

部材と部材の接合部に回転に対する剛性が存在する場合，骨組の各部材（要素）には，軸方向の変形と曲げ変形が生じます．したがって，要素の剛性マトリックスは，軸方向変形に対する(3.12)式と曲げ変形に対する(3.38)式中の剛性マトリックスを組み合わせたものとなります．このとき，これらを組み合わせた場合の要素の釣合方程式は次のように書けます．

$$\begin{bmatrix} k_{11}^p & & & & & \text{sym.} \\ 0 & k_{11}^b & & & & \\ 0 & k_{21}^b & k_{22}^b & & & \\ k_{21}^p & 0 & 0 & k_{22}^p & & \\ 0 & k_{31}^b & k_{32}^b & 0 & k_{33}^b & \\ 0 & k_{41}^b & k_{42}^b & 0 & k_{43}^b & k_{44}^b \end{bmatrix} \begin{Bmatrix} u_i \\ v_i \\ \theta_i \\ u_j \\ v_j \\ \theta_j \end{Bmatrix} = \begin{Bmatrix} P_i \\ Q_i \\ M_i \\ P_j \\ Q_j \\ M_j \end{Bmatrix} \quad (3.40)$$

ここに，$k_{11}^b,\cdots,k_{44}^b$ は(3.39)式で，$k_{11}^p, k_{21}^p, k_{22}^p$ は(3.12)式より次式で表されます．

$$k_{11}^p = k_{22}^p = \frac{EA}{L}, \quad k_{21}^p = -\frac{EA}{L} \quad (3.41)$$

また，(3.40)式の P_i, P_j は，節点 i, j における軸方向力です．

3.2.5 座標変換

(3.40)式は，要素の材軸方向を x 軸とする要素固有の座標系で導かれたものです．したがって，(3.40)式を重ね合わせる場合，各要素の剛性マトリックスを一つの全体座標系に座標変換する必要があります．

(3.40)式の要素剛性マトリックスを $\mathbf{k}$ と表し，これを全体座標系に変換したものを $\mathbf{k}^G$ と表すことにします．要素剛性マトリックスは，ひずみエネルギーから求まり，ひずみエネルギーは座標系に依存しないことを考慮すると，要素剛性マトリックスの座標変換は次式によって行えます．

$$\mathbf{k}^G = \mathbf{T}^T \mathbf{k} \mathbf{T} \quad (3.42)$$

ここに，$\mathbf{T}$ は座標変換マトリックスで次式のようになります．

$$\mathbf{T} = \begin{bmatrix} \mathbf{t} & \mathbf{0} \\ \mathbf{0} & \mathbf{t} \end{bmatrix}, \quad \mathbf{t} = \begin{bmatrix} \cos\alpha & \sin\alpha & 0 \\ -\sin\alpha & \cos\alpha & 0 \\ 0 & 0 & 1 \end{bmatrix} \quad (3.43)$$

ただし，α は図 3.10 に示すように，要素固有の座標系 (x, y) と全体座標系（骨

組全体の共通の座標系）$\left(x^G, y^G\right)$ のなす角度を表します．

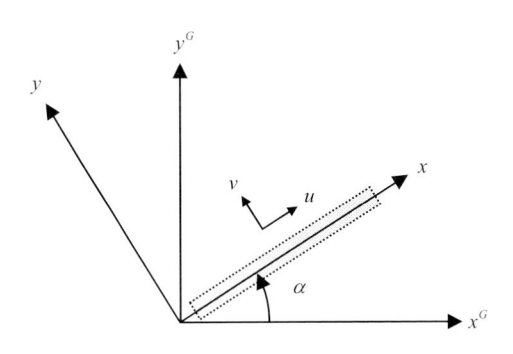

図 3.10　要素の座標系と全体座標系の関係

3.2.6　要素釣合方程式の重ね合わせと全体釣合方程式の解法

(3.42)式の要素剛性マトリックスを第 2 章に示した手順で重ね合わせ，構造全体の釣合方程式を作ります．そして，これに変位拘束条件と荷重条件を与えることによって釣合方程式を解くと，要素各節点の節点変位成分が求まります．

細かい点は，『Excel で解く構造力学』（丸善）に書かれているので参考にしてください．なお，Otto_2D の解析プログラムを読むことによっても理解が深まりますので，ぜひ解読してみてください．

3.3　最適な形を求める方法

3.3.1　グランドストラクチャを構成する要素

3.1 節で説明したように，グランドストラクチャ法では，図 3.2, 3.4 に示すようなグランドストラクチャを設定し，3.2 節に示した方法により，このグランドストラクチャのひずみエネルギーを計算します．そして，与えられた部材の総体積制約のもとで，構造全体のひずみエネルギーが最小となるように，各部材（要素）の断面積を変更していき，最終的に図 3.3, 3.5 に示すような解を得ます．

なお，最近のグランドストラクチャ法では，設計対象を部材断面積ではなく，部材密度とする場合が多いため，本書では，設計対象を部材の密度とし，制約条

件も，総体積の代わりに総質量を用います．

3.3.2 設計変数，目的関数，制約条件

ここでは，最適な形を求めるために，部材（要素）の密度を変化させるわけですが，この密度のように設計の対象となる変数を"**設計変数**"と呼びます．

ここでは，要素の剛性に比例する係数を要素密度と定義し，i番目要素の剛性マトリックスが次式で表されるものとします．

$$\mathbf{k}_i = \rho_i \mathbf{k}_i^0 \qquad \rho_i \geq 0 \tag{3.44}$$

ここに，$\mathbf{k}_i^0$は最初に与えられた要素剛性マトリックスを表します．そして，各要素の密度，

$$\rho_i \quad (i=1,2,\cdots,N) \tag{3.45}$$

を最適な形を求めるための設計変数とします．ただし，Nはグランドストラクチャの設計対象となる要素の総数を表します．

また，設計対象となる要素の総質量mを次式で定義します．

$$m = \sum_{i=1}^{N} \rho_i A_i l_i \tag{3.46}$$

ここに，A_i, l_iはi番目要素の断面積と長さを表します．

また，最適な形は具体的には，全要素のひずみエネルギーの総和が最小になる構造ですから，最適化の目的は構造全体のひずみエネルギーの最小化です．このように最適化問題の目的となる関数を"**目的関数**"と呼び，この問題では，全ひずみエネルギーが目的関数となります．なお，この全ひずみエネルギーの2倍は，外力ベクトルと節点変位ベクトルを掛け合わせた量になり，外力を一定とすると，この量は剛性の逆数に比例するためコンプライアンスと呼ばれます．式で書くと次のようになります．

$$\mathbf{Kd} = \mathbf{f} \ \Rightarrow \ \mathbf{d}^T\mathbf{Kd} = \mathbf{d}^T\mathbf{f} \ \Rightarrow \ C = \mathbf{d}^T\mathbf{f}, \ V = \frac{1}{2}\mathbf{d}^T\mathbf{Kd} \tag{3.47}$$

上式の一番左の式は，構造全体の釣合式で，$\mathbf{K}$は全体剛性マトリックス，$\mathbf{d}$は節点変位ベクトル，二番目の式は第一式の左側から$\mathbf{d}^T$を掛けた仕事式，そしてCがコンプライアンス，Vが全ひずみエネルギーです．グランドストラクチャ法では，一般にコンプライアンスを目的関数に選ぶ場合が多いため，本書でもコンプライ

アンス C を目的関数とします．

また，この問題では，(3.46)式の設計対象要素の総質量を与えられた値以下にする制約が課されます．このような条件を"**制約条件**"と呼びます．

3.3.3 最適化問題の定式化

以上を整理すると，グランドストラクチャ法で解くべき最適化問題は，部材の総質量の制約条件の下で，コンプライアンスを最小にする設計変数 $\rho_i\ (i=1,\cdots,N)$ を求める問題となります．これを式で書くと次のようになります．

$$\begin{aligned}&\min\quad C(\rho)\\&\text{subject to}\quad m(\rho)\leq \bar{m},\quad \rho\geq \mathbf{0}\end{aligned} \quad (3.48)$$

ここに，ρ は設計変数の集合で，$\rho=\{\rho_1,\rho_2,\cdots,\rho_i,\cdots,\rho_N\}$ です．C はコンプライアンスで，(3.47)式より次式のように表されます．

$$C=\mathbf{d}^T\mathbf{f}=\mathbf{d}^T\mathbf{K}\mathbf{d} \quad (3.49)$$

また，m は(3.46)式で定義される設計対象要素の総質量で，$\bar{m}$ は総質量の制約値です．

3.3.4 最適化問題の解法

最適な形を求めるためには，(3.48)式を解いて ρ を求めればよいわけですが，この問題では，一般にコンプライアンス C が設計変数 ρ_i に関して非線形関数となります．このような非線形の最適化問題を解く方法はいくつかあり，それぞれメリット，デメリットがあります．

本書では，このような形を求める問題でよく使われる2つの代表的手法を紹介します．1つは逐次線形計画法（Sequential Linear Programming method, 通称 SLP 法），もう一つは，逐次凸関数近似法（Convex Linearlization method, 通称 CONLIN 法）です．

3.3.4.1　SLP 法

SLP 法（逐次線形計画法）は，(3.48)式の目的関数および制約条件式を既知の設計変数の近傍でテーラー展開し，設計変数の増分値が十分小さいとして，その1次項までを採用します．

いま，第 k ステップの解 $\rho_i^{(k)}\ (i=1,\cdots,N)$ が与えられたとして，$k+1$ ステップの解が次式で近似できるものとします．

$$\rho_i^{(k+1)} = \rho_i^{(k)} + \Delta\rho_i \qquad (i=1,\cdots,N) \tag{3.50}$$

このとき，(3.48)式を $\rho_i^{(k)}$ の近傍でテーラー展開し，1 次項のみを採用すると，

$$\begin{aligned}
& \min \quad C(\boldsymbol{\rho}^{(k)}) + \sum_{i=1}^{N} \frac{\partial C}{\partial \rho_i} \Delta\rho_i \\
& \text{subject to} \quad m(\boldsymbol{\rho}^{(k)}) + \sum_{i=1}^{N} \frac{\partial m}{\partial \rho_i} \Delta\rho_i \leq \overline{m} \\
& \qquad\qquad 0 \leq \rho_i^{(k)} + \Delta\rho_i \qquad (i=1,\cdots,N)
\end{aligned} \tag{3.51}$$

ただし，$\Delta\rho_i$ は i 番目の設計変数 ρ_i の増分量を表します．

(3.51)式における $C(\boldsymbol{\rho}^{(k)}), m(\boldsymbol{\rho}^{(k)})$ は既知量であるため，(3.51)式は，次式のように $\Delta\rho_i\ (i=1,\cdots,N)$ を設計変数とする問題に書き換えられます．

$$\begin{aligned}
& \min \quad \sum_{i=1}^{N} \frac{\partial C}{\partial \rho_i} \Delta\rho_i \\
& \text{subject to} \quad \sum_{i=1}^{N} \frac{\partial m}{\partial \rho_i} \Delta\rho_i \leq \overline{m} - m(\boldsymbol{\rho}^{(k)}) \\
& \qquad\qquad -\rho_i^{(k)} \leq \Delta\rho_i \qquad (i=1,\cdots,N)
\end{aligned} \tag{3.52}$$

(3.52)式では，設計変数 $\Delta\rho_i\ (i=1,\cdots,N)$ に関して，線形の目的関数，線形の制約条件となるため，線形計画問題の解法としてよく知られているシンプレックス法を利用して解くことができます．

(3.52)式を解いて得られる設計変数の集合を $\Delta\boldsymbol{\rho}$ で表すと，$k+1$ ステップの設計変数の集合は $\boldsymbol{\rho}^{(k+1)} = \boldsymbol{\rho}^{(k)} + \Delta\boldsymbol{\rho}$ と表せます．この新たな設計変数により，(3.52)式の目的関数および制約条件の設計変数に関する微分値（感度係数と呼びます）を計算し直すと，新たな $\Delta\boldsymbol{\rho}$ が求められます．以上のような計算を繰り返し行い，$\Delta\rho_i\ (i=1,\cdots,N)$ がすべて 0 になれば，その時の設計変数が最適解となります．ただし，実際の計算では，$\Delta\boldsymbol{\rho}$ のすべての成分が十分小さくなった時点で計算を終了します．一般に 30〜50 回程度の繰り返しで収束します．

ただし，SLP 法では，通常，設計変数の増減値に，次式のように上下限値を設定します．

$$-\varepsilon^{(k)} \leq \Delta\rho_i \leq \varepsilon^{(k)} \tag{3.53}$$

ここで，$\varepsilon^{(k)}$ は第 k ステップの上下限値で，ムーブリミットと呼ばれます．SLP 法では，解が振動していつまでも収束しない場合があり，このような場合は，ムーブリミットを絞り込んで強制的に収束させます．本書では，ムーブリミットを次のように設定しています．

$$\begin{aligned}\varepsilon^{(k)} &= 0.1 & k &\leq 10 \\ \varepsilon^{(k)} &= 0.1/1.1^{(k-10)} & k &> 10\end{aligned} \tag{3.54}$$

3.3.4.2 CONLIN 法

CONLIN 法（Convex Linearization method）は，1986 年に Fleury and Braibant によって提案された方法です．この方法は，逐次線形計画法と同様に目的関数と制約条件をテーラー展開して解く方法ですが，このテーラー展開の仕方が，逐次線形計画法と異なります．すなわち，CONLIN 法では，(3.48)式を次式のように，感度係数が正の場合は，(3.51)式と同じテーラー展開を行い，感度係数が負の場合は，設計変数の逆数でテーラー展開を行います．

$$\begin{aligned}C(\boldsymbol{\alpha}) &\fallingdotseq C\left(\boldsymbol{\alpha}^{(k)}\right) + \sum_{\frac{\partial C}{\partial \alpha_i}>0} \frac{\partial C}{\partial \alpha_i}\Delta\alpha_i - \sum_{\frac{\partial C}{\partial \alpha_i}<0} \left(\alpha_i^{(k)}\right)^2 \frac{\partial C}{\partial \alpha_i}\left(\frac{1}{\alpha_i^{(k+1)}} - \frac{1}{\alpha_i^{(k)}}\right) \\ m(\boldsymbol{\alpha}) &\fallingdotseq m\left(\boldsymbol{\alpha}^{(k)}\right) + \sum_{\frac{\partial m}{\partial \alpha_i}>0} \frac{\partial m}{\partial \alpha_i}\Delta\alpha_i - \sum_{\frac{\partial m}{\partial \alpha_i}<0} \left(\alpha_i^{(k)}\right)^2 \frac{\partial m}{\partial \alpha_i}\left(\frac{1}{\alpha_i^{(k+1)}} - \frac{1}{\alpha_i^{(k)}}\right)\end{aligned} \tag{3.55}$$

ただし，α_i は i 番目要素の設計変数を表します．

この方法では，設計変数の逆数のテーラー展開に解の収束を速める効果があります．ただし，この効果を有効にするためには，非線形関数となる目的関数の増減を設計変数の増減に比例させる必要があります．しかしながら，(3.48)式では，設計変数は要素密度ですから，要素密度が小さくなればひずみエネルギーは大きくなります．したがって，ここでは，CONLIN 法を適用するために，(3.55)式の設計変数を $\alpha_i = 1/\rho_i$ とします．このとき，(3.44)式は，次のようになります．

$$\mathbf{k}_i = (1/\alpha_i)\mathbf{k}_i^0 \qquad \alpha_i > 0 \tag{3.56}$$

そして，(3.55)式は，双対法を適用し，逐次二次計画法を用いて解かれます．

Fleury ら（1986, 1989）の CONLIN 法の定式化と解法に関しては，補遺 A に詳しく示していますので参考にしてください．

3.3.5 感度係数の計算法

前節に示した最適化問題の解法では，SLP 法では(3.52)式，CONLIN 法では(3.55)式を繰り返し解くことになります．ところで，これらの式を解くためには，目的関数であるコンプライアンス C と，制約条件式の総質量 m の設計変数に関する微分値を計算する必要があります．このような設計変数に関する微分値のことを"感度係数"と呼びます．そこで，ここでは，これらの感度係数の計算法を示します．

まず，コンプライアンスの感度係数の計算は次のように行います．まず，コンプライアンスは，(3.49)式より，次のように表されました．

$$C = \mathbf{d}^T \mathbf{K} \mathbf{d} \tag{3.57}$$

ここに，$\mathbf{d}$ は節点変位ベクトル，$\mathbf{K}$ は全体剛性マトリックスです．上式を設計変数 x_i で微分すると次のようになります．

$$\frac{\partial C}{\partial x_i} = \left(\frac{\partial \mathbf{d}}{\partial x_i}\right)^T \mathbf{K}\mathbf{d} + \mathbf{d}^T \frac{\partial \mathbf{K}}{\partial x_i}\mathbf{d} + \mathbf{d}^T \mathbf{K}\frac{\partial \mathbf{d}}{\partial x_i} \tag{3.58}$$

ここで，剛性マトリックス $\mathbf{K}$ は対称ですから，

$$\frac{\partial C}{\partial x_i} = \mathbf{d}^T \frac{\partial \mathbf{K}}{\partial x_i}\mathbf{d} + 2\mathbf{d}^T \mathbf{K}\frac{\partial \mathbf{d}}{\partial x_i} \tag{3.59}$$

となります．ここで，構造全体の釣合式から，

$$\mathbf{K}\mathbf{d} = \mathbf{f} \tag{3.60}$$

が成り立っているので，これを両辺 x_i で微分すると，

$$\frac{\partial \mathbf{K}}{\partial x_i}\mathbf{d} + \mathbf{K}\frac{\partial \mathbf{d}}{\partial x_i} = \mathbf{0} \tag{3.61}$$

上式において，節点外力は設計変数に関係しないものとしています．(3.61)式の関係を(3.59)式に代入すると，(3.59)式は次のようになります．

$$\frac{\partial C}{\partial x_i} = -\mathbf{d}^T \frac{\partial \mathbf{K}}{\partial x_i}\mathbf{d} \tag{3.62}$$

ここで，全体剛性マトリックス $\mathbf{K}$ の設計変数 x_i に関する微分について考えます．第2章に示したように，全体剛性マトリックス $\mathbf{K}$ は，要素剛性マトリックス $\mathbf{k}$ の重ね合わせからなっています．ここで，i 番目要素の剛性マトリックスを $\mathbf{k}_i$，i 番目要素の節点変位ベクトルを $\mathbf{d}_i$ とします．ここで，(3.44), (3.56)式より，(3.52), (3.55)式の設計変数は，i 番目要素の剛性マトリックスのみ関係するため，(3.62)式は次のようになります．

$$\frac{\partial C}{\partial x_i} = -\mathbf{d}^T \frac{\partial \mathbf{K}}{\partial x_i} \mathbf{d} = -\sum_{j=1}^{N} \mathbf{d}_j^T \frac{\partial \mathbf{k}_j}{\partial x_i} \mathbf{d}_j = -\mathbf{d}_i^T \frac{\partial \mathbf{k}_i}{\partial x_i} \mathbf{d}_i \qquad (3.63)$$

(3.63)式からわかるように，コンプライアンスの感度係数は，要素の剛性マトリックスの感度係数に要素の節点変位ベクトルを両辺から掛けたものになり，計算は非常に簡単です．実は，このように簡単になるのは，コンプライアンスというエネルギー的な関数を用いたからであり，通常は感度係数の計算で膨大な計算時間がかかります．グランドストラクチャ法は，非常に設計変数が多くなる手法ですが，(3.63)式のような形で感度係数を計算すれば，感度係数の計算負荷は，全体の釣合式を解くための連立方程式の計算負荷よりも小さくなります．

(3.63)式の要素剛性マトリックスの設計変数 ρ_i, α_i 関する微分は，(3.44), (3.56)式から，

$$\frac{\partial C}{\partial \rho_i} = -\mathbf{d}_i^T \mathbf{k}_i^0 \mathbf{d}_i, \qquad \frac{\partial C}{\partial \alpha_i} = -\mathbf{d}_i^T \left(-\frac{1}{\alpha_i^2} \mathbf{k}_i^0 \right) \mathbf{d}_i \qquad (3.64)$$

一方，(3.46)式より，m の ρ_i, α_i に関する感度係数は次のようになります．

$$\frac{\partial m}{\partial \rho_i} = A_i l_i, \qquad \frac{\partial m}{\partial \alpha_i} = -\frac{1}{\alpha_i^2} A_i l_i \qquad (3.65)$$

3.3.6 密度の小さい部材へのペナルティ

以上見てきたように，グランドストラクチャ法は，グランドストラクチャを構成する各部材の密度を設計対象として，構造全体の剛性が大きくなるにしたがって，必要な部材の密度が大きくなり，不必要な部材の密度が小さくなることを利用して，最適な形を浮かび上がらせる方法です．しかしながら，この方法では，最終的に太い部材（密度の大きい部材）のみから構成されるシンプルな形が得られるとは限らず，細い部材（密度の小さい部材）が組み合わされた複雑な形となったり，一部に不必要と思われる細い部材が残ったりすることがしばしば生じます．

そこで，このような細い部材（密度の小さい部材）をできるだけ除くような処理を行います．具体的には，密度 ρ_i が小さい値を取る場合にペナルティを課します．すなわち，(3.44), (3.56)式の要素剛性マトリックスを次式によって計算します．

$$\mathbf{k}_i = \rho_i^p \mathbf{k}_i^0, \qquad \mathbf{k}_i = (1/\alpha_i)^p \mathbf{k}_i^0 \qquad (3.66)$$

(3.44), (3.56)式と比較すると，(3.66)式には，べき乗の係数 p が付加されています．この p が1の場合は，(3.44), (3.56)式に一致します．しかし，これを1以上にすると，ρ_i が1未満の場合，$\mathbf{k}_i$ は $p=1$ の場合よりも小さい値になります．すなわち，ρ_i が1未満では，実際よりも密度は小さくなり，これから計算されるコンプライアンスは大きくなります．したがって，コンプライアンスを小さくするには，ρ_i が1以上となる方が有利になり，結果的に細い部材が消えるという仕組みです．

なお，この場合，(3.64)式は次のようになります．

$$\frac{\partial C}{\partial \rho_i} = -\mathbf{d}_i^T \left(p\rho_i^{p-1} \mathbf{k}_i^0 \right) \mathbf{d}_i, \qquad \frac{\partial C}{\partial \alpha_i} = -\mathbf{d}_i^T \left\{ p\left(\frac{1}{\alpha_i}\right)^{p-1} \left(-\frac{1}{\alpha_i^2}\right) \mathbf{k}_i^0 \right\} \mathbf{d}_i \qquad (3.67)$$

3.3.7 再計算アルゴリズム

グランドストラクチャ法では，節点間を結ぶすべての部材（要素）を考えると非常に膨大な要素数となります．このような場合，一度の最適化計算では最適解にたどりつかないことがあります．そこで，本書付属のソフト Otto_2D では，一度の最適化計算で得られた解を再度初期値として同じ最適化計算を行う方法を採用しています．図3.11は本計算法のフローを示したものです．図の点線で囲まれた部分が前節までに示した最適化計算であり，本アルゴリズムでは，単に得られた解を再度初期値として再計算を行うだけです．ただし，再計算を行う場合は，設計変数のムーブリミット，CONLIN法の諸係数等はすべて初期化されます．

3.3 最適な形を求める方法

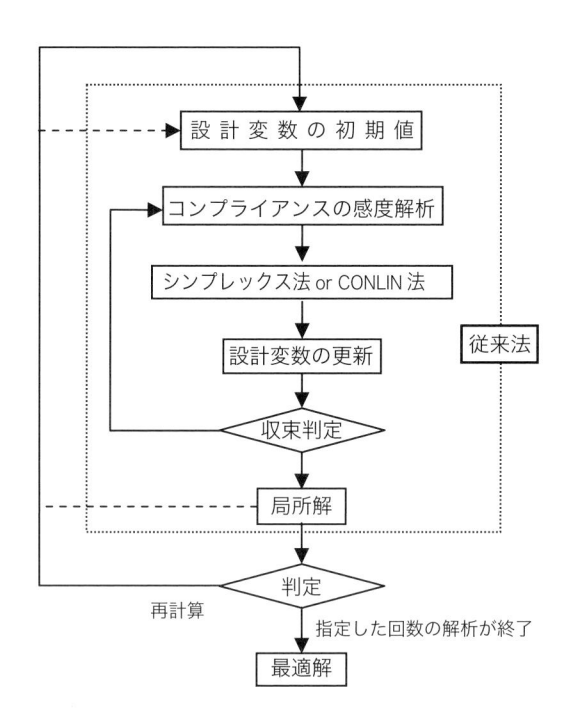

図 3.11 再計算アルゴリズムの計算フロー

なお，Otto_2D では，(3.66)式のペナルティの掛け方として，図 3.11 の再計算回数 9 回までは $p=1$ とし，9 回以降，次式のように p の値を増加させています．

$$
\begin{aligned}
&p^{(n)} = p \times 1.05^{(n-9)} \qquad p^{(n)} < 2 \\
&p^{(n)} = 2 \qquad\qquad\qquad p^{(n)} \geq 2
\end{aligned}
\qquad (3.68)
$$

ただし， n は再計算回数， $p^{(n)}$ は n 回目のベキ乗係数を表します．

4章 連続体の最適構造を求める方法

4.1 密度法

　第3章では，図 4.1 に示すような例題で，"？"の設計領域により軽くて強い骨組構造の形を求める方法を示しました．これに対して，本章では，この領域に連続体としての最適な形を求める方法を示します．

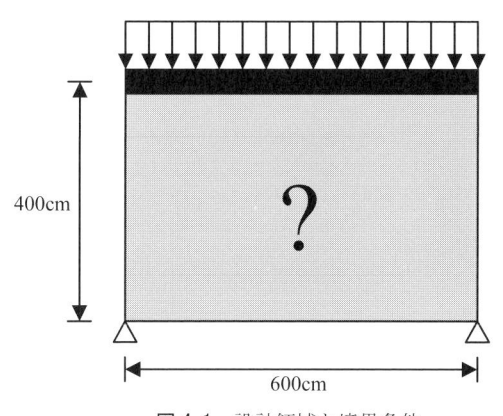

図 4.1　設計領域と境界条件

　この方法を簡単に言えば，まず，図 4.1 の設計領域（？の領域）を図 4.2 に示すように有限要素で分割します．そして，グランドストラクチャ法と同様に，最

適化の手法を用いて，必要な要素の密度を高くし，不必要な要素の密度を低くしていけば，図 4.3 のような最適な形が浮かび上がります．なお，本書で用いている方法は，Bendsøe（1989），Zhou and Rozvany（1991）らによって提案された方法です．

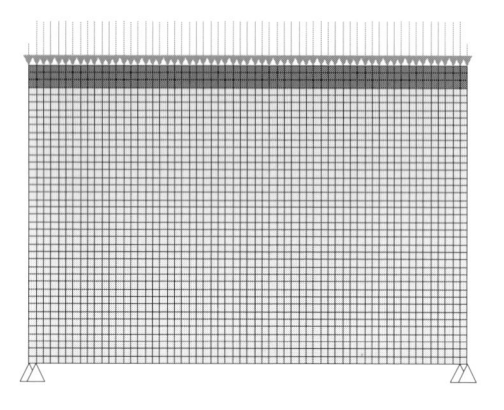

図 4.2 設計領域の有限要素分割

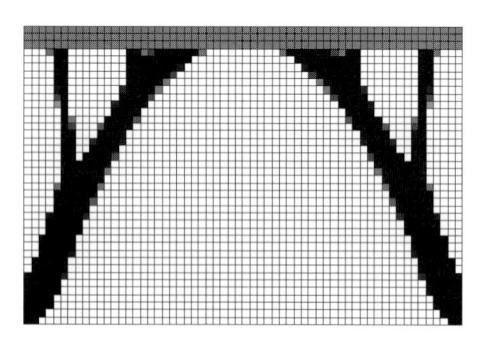

図 4.3 Isler_2D によって得られた最適な形

第 3 章のグランドストラクチャ法においては，グランドストラクチャを構成する部材（要素）の密度が設計対象でしたが，図 4.2 に示すような連続体においても同様の方法を用いることができます．すなわち，有限要素の密度を設計変数とし，第 3 章の 3.3.6 項で用いたような密度の小さい要素にペナルティを課す方法で

す．特に，連続体では，薄い板が大きなせん断剛性を有するため，このペナルティの掛け方が重要になってきます．このような方法を密度法または SIMP（Solid Isotropic Material with Penalization）法と呼んでいます．

計算の流れとしては，まず，各要素の密度の初期値を与えます．次に，与えられた初期値に対する各要素のコンプライアンスとその感度係数を計算し，第 3 章に示した方法と同様に，構造全体のコンプライアンスが小さくなるように，要素密度を更新していきます．

以下では，まず，2 次元構造を有限要素法で解析するための要素剛性マトリックスの導出法を示し，次に，最適化問題の定式化と解法について説明します．

4.2　2 次元連続体の有限要素解析

グランドストラクチャ法と同様に，図 4.3 のような形を求める指標として，領域を分割した各要素のひずみエネルギーを計算する必要があります．したがって，以下では，第 3 章と同様に，図 4.3 に示すような 2 次元構造（連続体）の有限要素法による解析法を示します．なお，本書付属のプログラム Isler_2D では，四辺形要素要素を用いていますので，以下では，四辺形要素の面内変形に対する要素剛性マトリックスの導出法を示します．

4.2.1　面内変形に対する要素剛性マトリックス

ここでは，第 2 章の 2.2.3 項に示した方法により，四辺形要素が xy 面内で変形した場合の要素剛性マトリックスを導きます．なお，本書では，要素の節点数は 4（要素頂点）とし，要素内の変位と節点変位を関係づける関数（形状関数）と要素内の座標と節点座標を関係づける関数を等しく置いたアイソパラメトリック要素を用います．

図 4.4 の左図は，要素と節点番号および座標系を表し，右図は，要素内の変位と要素内の座標を節点変位で表すために用いる $-1 \sim 1$ で定義される正規化座標系を表しています．以下に，要素剛性マトリックスの導出法について示します．

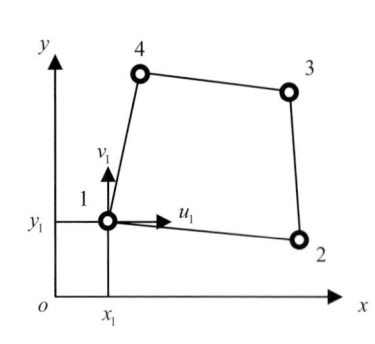

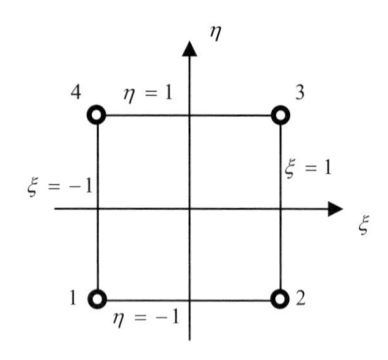

図 4.4　面内変形に関する 4 節点アイソパラメトリック要素

Step 1: 要素内の変位分布を補間関数を用いて節点変位で表す.

第 2 章に示したように，要素剛性マトリックスを求める第一ステップは，要素内の変位分布を補間関数を用いて節点変位で表すことです．

アイソパラメトリック要素では，要素内の任意点の変位および座標が，次式のように節点変位および節点座標によって表されます．

$$u(x) = \mathbf{N}\mathbf{u}^e, \quad v(x) = \mathbf{N}\mathbf{v}^e \tag{4.1}$$

$$x = \mathbf{N}\mathbf{x}^e, \quad y = \mathbf{N}\mathbf{y}^e \tag{4.2}$$

ここに，

$$\begin{aligned}
\mathbf{N} &= \begin{bmatrix} N_1 & N_2 & N_3 & N_4 \end{bmatrix} \\
\mathbf{u}^e &= \lfloor u_1 \quad u_2 \quad u_3 \quad u_4 \rfloor, \quad \mathbf{v}^e = \lfloor v_1 \quad v_2 \quad v_3 \quad v_4 \rfloor \\
\mathbf{x}^e &= \lfloor x_1 \quad x_2 \quad x_3 \quad x_4 \rfloor, \quad \mathbf{y}^e = \lfloor y_1 \quad y_2 \quad y_3 \quad y_4 \rfloor
\end{aligned} \tag{4.3}$$

また，

$$\begin{aligned}
N_1 &= \frac{1}{4}(1-\xi)(1-\eta), \quad N_2 = \frac{1}{4}(1+\xi)(1-\eta) \\
N_3 &= \frac{1}{4}(1+\xi)(1+\eta), \quad N_4 = \frac{1}{4}(1-\xi)(1+\eta)
\end{aligned} \tag{4.4}$$

なお，ここでなぜ(4.2)式のように要素内の座標も節点座標で表すかと言うと，x, y に関する微分と積分を容易に計算するためです．

Step 2: ひずみ－変位関係式を用いてひずみを節点変位で表す．

弾性論により，面内変形に対するひずみ－変位関係式は次式で表されます．

$$\varepsilon_x = \frac{\partial u}{\partial x}, \quad \varepsilon_y = \frac{\partial v}{\partial y}, \quad \gamma_{xy} = \frac{\partial u}{\partial y} + \frac{\partial v}{\partial x} \tag{4.5}$$

上式に(4.1)式を代入すると次式となります．

$$\boldsymbol{\varepsilon} = \begin{Bmatrix} \varepsilon_x \\ \varepsilon_y \\ \gamma_{xy} \end{Bmatrix} = \begin{bmatrix} \dfrac{\partial \mathbf{N}}{\partial x} & \mathbf{0} \\ \mathbf{0} & \dfrac{\partial \mathbf{N}}{\partial y} \\ \dfrac{\partial \mathbf{N}}{\partial y} & \dfrac{\partial \mathbf{N}}{\partial x} \end{bmatrix} \begin{Bmatrix} \mathbf{u}^e \\ \mathbf{v}^e \end{Bmatrix} = \mathbf{B} \mathbf{d}^e \tag{4.6}$$

ただし，$\mathbf{N}$ の成分は，(4.4)式からわかるように，ξ, η の関数です．したがって，x, y に関する微分を ξ, η に関する微分に変換する必要があります．これを行うために次式の関係を用います．

$$\begin{Bmatrix} \dfrac{\partial}{\partial \xi} \\ \dfrac{\partial}{\partial \eta} \end{Bmatrix} = \begin{bmatrix} \dfrac{\partial x}{\partial \xi} & \dfrac{\partial y}{\partial \xi} \\ \dfrac{\partial x}{\partial \eta} & \dfrac{\partial y}{\partial \eta} \end{bmatrix} \begin{Bmatrix} \dfrac{\partial}{\partial x} \\ \dfrac{\partial}{\partial y} \end{Bmatrix} = \mathbf{J} \begin{Bmatrix} \dfrac{\partial}{\partial x} \\ \dfrac{\partial}{\partial y} \end{Bmatrix} \tag{4.7}$$

(4.7)式の $\mathbf{J}$ はヤコビアンマトリックスと呼ばれ，(4.2)式を代入すると次のように表せます．

$$\mathbf{J} = \begin{bmatrix} \dfrac{\partial \mathbf{N}}{\partial \xi} \mathbf{x}^e & \dfrac{\partial \mathbf{N}}{\partial \xi} \mathbf{y}^e \\ \dfrac{\partial \mathbf{N}}{\partial \eta} \mathbf{x}^e & \dfrac{\partial \mathbf{N}}{\partial \eta} \mathbf{y}^e \end{bmatrix} \tag{4.8}$$

(4.7)式から，形状関数 $\mathbf{N}$ の x, y に関する微分は次式から計算されます．

$$\begin{Bmatrix} \dfrac{\partial \mathbf{N}}{\partial x} \\ \dfrac{\partial \mathbf{N}}{\partial y} \end{Bmatrix} = \mathbf{J}^{-1} \begin{Bmatrix} \dfrac{\partial \mathbf{N}}{\partial \xi} \\ \dfrac{\partial \mathbf{N}}{\partial \eta} \end{Bmatrix} \tag{4.9}$$

ただし，

$$\mathbf{J}^{-1} = \frac{1}{|\mathbf{J}|}\begin{bmatrix} \frac{\partial \mathbf{N}}{\partial \eta}\mathbf{y}^e & -\frac{\partial \mathbf{N}}{\partial \xi}\mathbf{y}^e \\ -\frac{\partial \mathbf{N}}{\partial \eta}\mathbf{x}^e & \frac{\partial \mathbf{N}}{\partial \xi}\mathbf{x}^e \end{bmatrix}, \quad |\mathbf{J}| = \frac{\partial \mathbf{N}}{\partial \xi}\mathbf{x}^e \cdot \frac{\partial \mathbf{N}}{\partial \eta}\mathbf{y}^e - \frac{\partial \mathbf{N}}{\partial \xi}\mathbf{y}^e \cdot \frac{\partial \mathbf{N}}{\partial \eta}\mathbf{x}^e \quad (4.10)$$

Step 3: 節点変位で表されたひずみを用いてひずみエネルギーを求める.

面内変形に対する応力-ひずみ関係は次のように表されます.

$$\boldsymbol{\sigma} = \mathbf{D}\boldsymbol{\varepsilon} \quad (4.11)$$

ここに，$\boldsymbol{\sigma} = \lfloor \sigma_x \ \sigma_y \ \tau_{xy} \rfloor$ であり，σ_x, σ_y は x, y 方向の垂直応力，τ_{xy} は xy 面内のせん断応力を表します. また，$\mathbf{D}$ は弾性マトリックスで，ここでは，薄板を想定して，次式の平面応力仮定のものを用います.

$$\mathbf{D} = \frac{E}{1-\nu^2}\begin{bmatrix} 1 & \nu & 0 \\ \nu & 1 & 0 \\ 0 & 0 & \frac{(1-\nu)}{2} \end{bmatrix} \quad (4.12)$$

ただし，E はヤング係数，ν はポアソン比を表します.

(4.11)式の関係を用いると，ひずみエネルギーは次式のように表されます.

$$V^e = \frac{1}{2}\int_{\Omega^e} \boldsymbol{\varepsilon}^T \mathbf{D}\boldsymbol{\varepsilon}\, d\Omega \quad (4.13)$$

ここに，Ω^e は要素の体積を表します. (4.13)式に(4.6)式を代入すると次のようになります.

$$V^e = \frac{1}{2}\int_{\Omega^e}\left(\mathbf{B}\mathbf{d}^e\right)^T \mathbf{D}\mathbf{B}\mathbf{d}^e d\Omega = \frac{1}{2}\mathbf{d}^{eT}\left(\int_{\Omega^e}\mathbf{B}^T\mathbf{D}\mathbf{B}d\Omega\right)\mathbf{d}^e = \frac{1}{2}\mathbf{d}^{eT}\mathbf{k}\,\mathbf{d}^e \quad (4.14)$$

上式の $\mathbf{k}$ の部分が面内変形に対する要素剛性マトリックスとなり，具体的には，次のように計算されます.

$$\mathbf{k} = \int_{\Omega^e}\begin{bmatrix} \frac{\partial \mathbf{N}^T}{\partial x} & 0 & \frac{\partial \mathbf{N}^T}{\partial y} \\ 0 & \frac{\partial \mathbf{N}^T}{\partial y} & \frac{\partial \mathbf{N}^T}{\partial x} \end{bmatrix}\begin{bmatrix} D_{11} & D_{21} & 0 \\ D_{21} & D_{22} & 0 \\ 0 & 0 & D_{33} \end{bmatrix}\begin{bmatrix} \frac{\partial \mathbf{N}}{\partial x} & 0 \\ 0 & \frac{\partial \mathbf{N}}{\partial y} \\ \frac{\partial \mathbf{N}}{\partial y} & \frac{\partial \mathbf{N}}{\partial x} \end{bmatrix} d\Omega = \begin{bmatrix} \mathbf{k}_{11} & \mathbf{k}_{21}^T \\ \mathbf{k}_{21} & \mathbf{k}_{22} \end{bmatrix} \quad (4.15)$$

ここに，

$$\mathbf{k}_{11} = \int_{\Omega^e} \left[D_{11} \frac{\partial \mathbf{N}^T}{\partial x} \frac{\partial \mathbf{N}}{\partial x} + D_{33} \frac{\partial \mathbf{N}^T}{\partial y} \frac{\partial \mathbf{N}}{\partial y} \right] d\Omega$$

$$\mathbf{k}_{21} = \int_{\Omega^e} \left[D_{21} \frac{\partial \mathbf{N}^T}{\partial x} \frac{\partial \mathbf{N}}{\partial y} \right] d\Omega \tag{4.16}$$

$$\mathbf{k}_{22} = \int_{\Omega^e} \left[D_{22} \frac{\partial \mathbf{N}^T}{\partial y} \frac{\partial \mathbf{N}}{\partial y} + D_{33} \frac{\partial \mathbf{N}^T}{\partial x} \frac{\partial \mathbf{N}}{\partial x} \right] d\Omega$$

ただし，

$$D_{11} = \frac{E}{1-\nu^2}, \quad D_{21} = \frac{\nu E}{1-\nu^2}, \quad D_{33} = \frac{E}{2(1+\nu)} \tag{4.17}$$

また，(4.16)式の積分は，数値積分によって行います．この場合，(4.16)式の被積分関数は，ξ, η に関する2次関数となるので，Gaussの2点積分を用います．具体的には，(4.16)式の被積分項に上付バーを付けて表すと，数値積分は次のように表されます．

$$\mathbf{k}_{ij} = t \sum_{k=1}^{2} \sum_{l=1}^{2} \overline{\mathbf{k}}_{ij}(\xi_k, \eta_l) |\mathbf{J}| w_k w_l \qquad (i=1,2, \quad j=1,2) \tag{4.18}$$

ここに，t は板厚，$|\mathbf{J}|$ は(4.10)式のヤコビアンマトリックスの行列式の値，ξ_k, η_l, w_k, w_l は，ξ, η 方向のガウス積分の選点の値と重みの値であり，2点積分の場合，次のようになります．

$$\xi_1 = \eta_1 = -0.57735026918963$$
$$\xi_2 = \eta_2 = 0.57735026918963$$
$$w_1 = w_2 = 1$$

なお，Isler_2D では，(4.18)式のせん断ひずみに関係する項の積分は1点積分で行っています（ソースプログラムを参照してください）．これは，一般にシアーロッキングと呼ばれる，曲げ変形に対する剛性が高くなる現象を回避するためですが，この辺は数値解析上のノウハウであるため，本書では詳しい言及はしません．興味のある読者は，他の有限要素法の参考書を参照してください．

4.2.2 要素釣合方程式の重ね合わせと全体釣合方程式の解法

(4.15)式の要素剛性マトリックスを第2章に示した手順で重ね合わせ，構造全体の釣合方程式を作ります．そして，これに変位拘束条件と荷重条件を与えること

によって釣合方程式を解くと，要素各節点の節点変位成分が求まります．

細かい点は，Isler_2D または応力解析に限定した Isler_2D_stress のソースコードを読むことにより，理解が深まります．

4.3 最適な形を求める方法

4.3.1 設計変数，目的関数，制約条件

4.1 節で述べたように，ここでは，2 次元構造の最適な形を求めるために，密度法と呼ばれる方法を用います．密度法では，第 3 章のグランドストラクチャ法と同様に，要素の剛性に比例する係数を要素密度と定義し，i 番目要素の剛性マトリックスが次式で表されるものとします．

$$\mathbf{k}_i = \rho_i \mathbf{k}_i^0 \qquad \rho_i > 0 \tag{4.19}$$

ここに，$\mathbf{k}_i^0$ は最初に与えられた要素剛性マトリックスを表します．そして，各要素の密度，

$$\rho_i \qquad (i = 1, 2, \cdots, N) \tag{4.20}$$

を最適な形を求めるための設計変数とします．ただし，N は設計対象となる要素の総数を表します．

また，グランドストラクチャ法と同様に，最適化の目的は，構造全体の剛性を最大化することとし，具体的には，構造全体のひずみエネルギーの最小化，すなわちコンプライアンスの最小化とします．

また，制約条件として，設計対象要素の総質量を与えられた値以下に制約します．ただし，総質量は，設計領域を同一体積の要素で分割するものとして，次式で定義します．

$$m = \sum_{i=1}^{N} \rho_i \tag{4.21}$$

4.3.2 最適化問題の定式化

以上より，密度法の最適化問題は，設計対象要素の総質量の制約条件の下で，コンプライアンスを最小にする設計変数 ρ_i を求める問題となります．これを式で書くと次のようになります．

$$\begin{aligned}&\min \quad C(\boldsymbol{\rho})\\&\text{subject to}\quad m(\boldsymbol{\rho})\leq \bar{m}\\&\qquad\qquad 0<\rho_i\leq 1,\quad (i=1,\cdots,N)\end{aligned} \qquad (4.22)$$

ここに，$\boldsymbol{\rho}$ は設計変数の集合で，$\boldsymbol{\rho}=\{\rho_1,\rho_2,\cdots,\rho_i,\cdots,\rho_N\}$ です．なお，ここでは，ρ_i の上限は 1 としています．また，C はコンプライアンスで，次式のように表されます．

$$C = \mathbf{d}^T\mathbf{f} = \mathbf{d}^T\mathbf{K}\mathbf{d} \qquad (4.23)$$

ただし，$\mathbf{K}$ は全体剛性マトリックス，$\mathbf{d}$ は節点変位ベクトルを表します．また，m は(4.21)式で定義される設計対象要素の総質量で，$\bar{m}$ は総質量の制約値です．

4.3.3 最適化問題の解法

(4.22)式は，第 3 章の(3.48)式と同じ形をしています．したがって，第 3 章の 3.3.4 項に示した方法によって，同じように解くことができます．

Isler_2D においては，計算効率の良い CONLIN 法を用いています．この場合，(4.22)式の設計変数を $\alpha_i=1/\rho_i$ とします．このとき，(4.19)式および(4.22)式は，次のようになります．

$$\mathbf{k}_i = (1/\alpha_i)\mathbf{k}_i^0 \qquad \alpha_i>0 \qquad (4.24)$$

$$\begin{aligned}&\min \quad C(\boldsymbol{\alpha})\\&\text{subject to}\quad m(\boldsymbol{\alpha})\leq \bar{m}\\&\qquad\qquad 1\leq \alpha_i \qquad (i=1,\cdots,N)\end{aligned} \qquad (4.25)$$

なお，CONLIN 法の具体的な解法については，第 3 章の 3.3.4 項と補遺 A を参照してください．

4.3.4 感度係数の計算法

コンプライアンス C と，総質量 m の設計変数に関する感度係数の計算法は，第 3 章 3.3.5 項に示されているものと全く同様です．ただし，総質量の定義が異なるため，(3.65)式の第 2 式は，(4.21)式より，次式のようになります．

$$\frac{\partial m}{\partial \alpha_i} = -\frac{1}{\alpha_i^2} \tag{4.26}$$

4.3.5 中間密度へのペナルティ

さて，以上に示した方法で，図 4.1 の問題を解いてみましょう．なお，設計領域の有限要素分割は，図 4.2 に示されるものとし，$\bar{m}$ は，ρ_i がすべて 1 の場合の 20%とします．この場合の結果は，図 4.5 に示されるような形となります．

この図からわかるように，図 4.3 の結果に比較して，内部の構造がグレー（中間的密度）となっていて非常に不明瞭です．したがって，このグレーの密度（この研究分野では，"グレースケール"と呼ばれます）をなくして，白と黒のはっきりした形を求める方法が必要です．

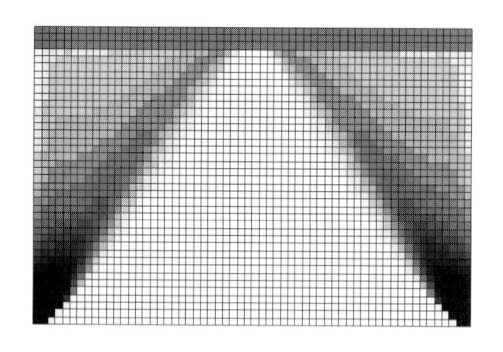

図 4.5 密度法によって得られた最適な形

そこで，ここでは，第 3 章の 3.3.6 項に示したものと同じ方法を適用します．すなわち，(4.24)式の要素剛性マトリックスを次式によって計算します．

$$\mathbf{k}_i = (1/\alpha_i)^p \mathbf{k}_i^0 \tag{4.27}$$

ここで，p はべき乗の係数で，(4.27)式では，p が 1 の場合は(4.24)式に一致し，p が 1 以上では，$\rho_i (=1/\alpha_i)$ が 1 未満の場合，$\mathbf{k}_i$ は $p=1$ の場合よりも小さい値になります．すなわち，ρ_i が 1 未満では，実際よりも密度は小さくなり，これから計算されるコンプライアンスは大きくなります．したがって，コンプライアンスを小さくするには，ρ_i が 1 に近くなる方が有利になり，結果的に 0 と 1 の間の密

度の要素が少なくなります．

4.3.6　チェッカーボードとその対策

図 4.6 左は，(4.27)式でグレースケールにペナルティを課した場合（$p=2$）の結果を示します．この場合，図中の○で囲んだ部分に，黒と白が交互に並んだチェッカーフラッグのような密度分布が現れています．これを，この研究分野では，"チェッカーボード"と呼んでいます．図 4.6 右は質量制約 $\bar{m}$ を，ρ_i がすべて 1 の場合の 40%とした場合の結果ですが，チェッカーボードがさらに顕著になっていることがわかります．

なぜ，このチェッカーボードが問題になるかというと，実は，このチェッカーボードは，グレースケールにペナルティを掛けたために，グレースケールの代わりに現れるもので，問題によってはこれが広範囲に現れ，構造の形を不明瞭にしてしまうからです．また，このチェッカーボードは，4 節点の有限要素で生じやすいことが知られています．これは，4 節点の有限要素で構成されるチェッカーボードパターンは，45°方向の剛性を実際よりも高く評価してしまうためです（Diaz and Sigmund（1995）参照）．

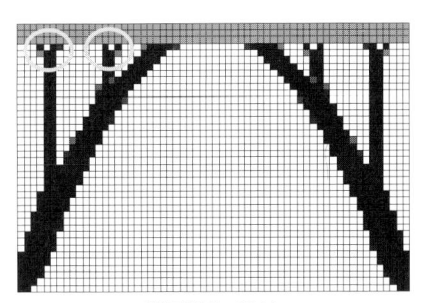

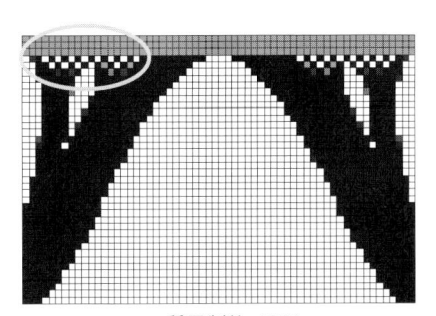

質量制約 20%　　　　　　　質量制約 40%

図 4.6　密度法によって得られた最適な形（ペナルティを課した場合）

このようなチェッカーボードを防ぐ方策（フィルタリング法と呼びます）として，様々なものが考案されてきましたが，ここでは，藤井（著者）と菊池（1999，

2000）が提案した方法を紹介します．この方法は，重力によって密度を集めるという菊池の発想にもとづいています．すなわち，この方法では，図 4.7 に示すように，まず，一つの要素に着目し，その要素の近傍の要素の重力を計算します．この場合，i 番目要素の重力は近似的に次式で評価できます．

$$g_i = \sum_{j=1}^{8} \frac{\rho_i \rho_j}{r_j^2} \tag{4.28}$$

ただし，r_j は i 番目要素と j 番目要素の中心点の距離です．(4.28)式の値をすべての要素について計算し，これらの値の総計を高めてやれば，チェッカーボードもグレースケールも消えるはずです．

著者は，この方法について色々検討しましたが，このままではどうしても思うような結果が得られませんでした．そこで，さらに検討を加えた結果，密度が高い要素を集めるだけでなく，密度の低い要素も同時に集める必要があることがわかりました．そこで，(4.28)式の重力式を以下のように改良しました．

$$g_i = \sum_{j=1}^{8} \left(\frac{\rho_i \rho_j}{r_j^2} + \frac{(1-\rho_i)(1-\rho_j)}{r_j^2} \right) \tag{4.29}$$

さらに，計算を簡略化するため，図 4.8 に示すように，(4.29)式の重力関数を計算する近傍要素を i 番目要素と辺を共有する要素のみとし，また，要素はほぼ正方形に近いもので均等に分割されているとして，要素間距離を省略します．

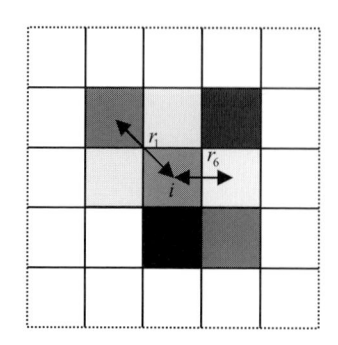

図 4.7　i 番目の要素とその近傍の要素 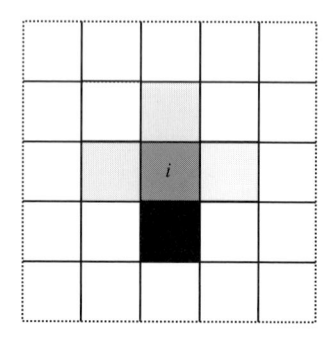　　　図 4.8　i 番目の要素と辺を共有する要素

この場合，(4.29)式は，次のように書き換えられます．

$$g_i = \sum_{j=1}^{4}\left(\rho_i\rho_j + (1-\rho_i)(1-\rho_j)\right) \tag{4.30}$$

また，(4.30)式をすべての要素について足し合わせると次式のようになります．

$$G = \sum_{i=1}^{N} g_i = \sum_{i=1}^{N}\sum_{j=1}^{n_i}\left(\rho_i\rho_j + (1-\rho_i)(1-\rho_j)\right) \tag{4.31}$$

ただし，n_i は i 番目の要素と辺を共有する要素の数で，内部の要素では 4 となりますが，端や隅の要素では 3 または 2 になります．

(4.31)式の関数 G を重力制御関数と呼んでいます．この重力制御関数の効果を見るために，i 番目の要素の密度比 ρ_i が，0，0.5，1.0 の場合について，この要素と辺を共有する要素の密度比が，0，0.5，1.0 になる場合の(4.30)式の g_i を計算したものが，図 4.9 に示されます．図より，i 番目要素が黒で，その周辺要素も黒の場合，および i 番目要素が白で，その周辺要素も白の場合の値が 4 と最も高く，i 番目要素が黒でその周辺要素が白の場合，および i 番目が白でその周辺要素が黒の場合が 0 で最も低い値となります．後者の場合が，チェッカーボードに相当します．また，i 番目要素もその周辺要素もすべてグレーの場合も，最も高い値の 1/4 になり，また，他のグレースケールが含まれる場合も，相対的にこの関数値は低くなります．したがって，(4.31)式の重力制御関数値が高くなれば，チェッカーボードもグレースケールも少なくなり，より明解な形が求められるわけです．

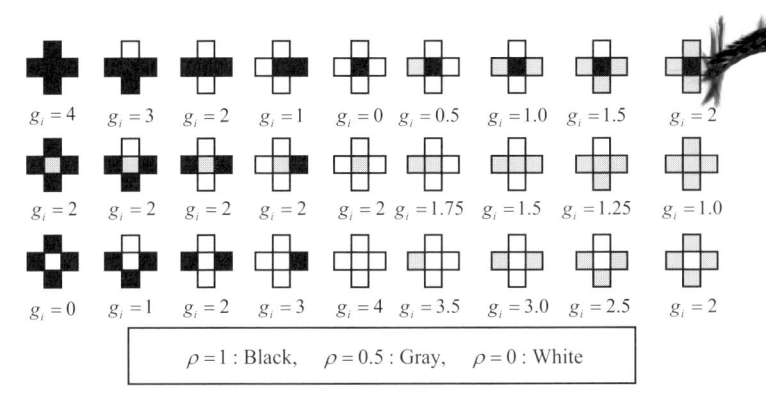

図 4.9 i 番目要素とその近隣要素の密度比と関数 g_i の関係

$\rho = 1$: Black, $\rho = 0.5$: Gray, $\rho = 0$: White

以上のフィルタリング法では，(4.31)式の G の値を大きくすればよいため，これを $1/G$ として目的関数に加えます．ただし，コンプライアンス C とのバランスをとるために，(4.31)式をさらに次式のようにスケーリングします．

$$G = \sum_{i=1}^{N} g_i \bigg/ \sum_{i=1}^{N} n_i = \sum_{i=1}^{N}\sum_{j=1}^{m_i}\left(\rho_i\rho_j + (1-\rho_i)(1-\rho_j)\right) \bigg/ \sum_{i=1}^{N} n_i \quad (4.32)$$

上式の G は，$0 \leq G \leq 1$ となります．

この場合，(4.25)式の最適化問題を次のように変更します．

$$\begin{aligned}
&\min \quad C(\alpha) + wC^0(1/G) \\
&\text{subject to} \quad m(\alpha) \leq \bar{m} \\
&\quad 1 \leq \alpha_i < \infty, \quad (i=1,\cdots,N)
\end{aligned} \quad (4.33)$$

ただし，w は重み係数で 0～1 の範囲で与えます．また，C^0 は，全要素均等密度（総質量 $\bar{m}$）の場合のコンプライアンスです（Isler_2D では初期値に対するコンプライアンスとなります）．また，フィルタリング法は，ある程度位相（形）が固まってから適用する方が無難であるため，Isler_2D では，最適化改修ステップが 11 以上から適用しています．

4.3.7 再計算アルゴリズム

連続体の密度法の場合も，要素数が膨大になってくると，グランドストラクチャ法の場合と同様に，一度の最適化計算では良好な解が得られない場合があります．そこで，Isler_2D でも，一度の最適化計算で得られた解を再度初期値として同じ最適化計算を行う方法が適用できるようにしています（3.3.7 項参照）．ただし，連続体の場合は，再計算回数は 5 回以下とし，2 回目以降の再計算では，(4.27)式のベキ乗係数 p を毎回 1.1 倍しています．なお，Isler_2D では，(4.27)式の p の初期値は 2 としています．

5 章　Otto_2D の利用方法

　本章では，本書付属ソフト Otto_2D の利用法を，いくつかの例題の解き方を示すことで説明していきます．

5.1　例題1　ラーメン構造の最適な形

5.1.1　鉛直荷重のみが作用する場合（その1）

　まず，第3章の図3.1に示した例題を Otto_2D で解く方法について説明します．問題を再記すると図5.1となります．ただし，梁断面は図に示すものとします．

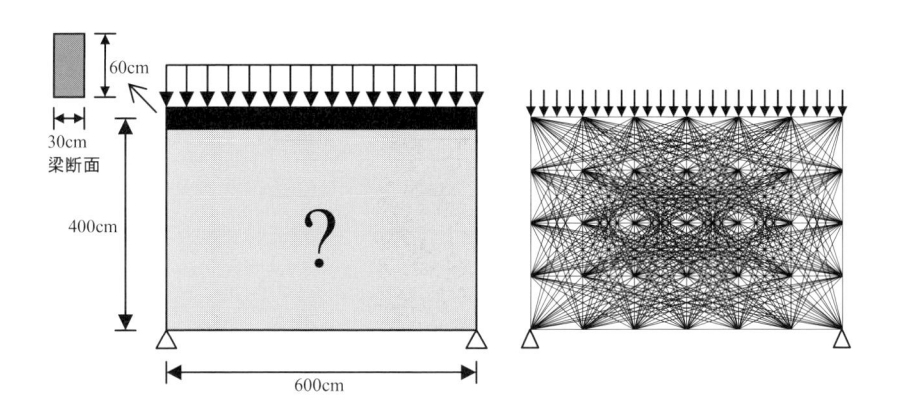

図 5.1　例題1の設計領域とグランドストラクチャ

まず，Otto_2D フォルダー内の Excel ファイル"Otto_2D.xls"を起動します．そして，第 1 章に示す方法により，アドインファイルとして保存します．次に，Excel メニューの「新規作成」で新しいファイルを起動し，第 1 章に示す方法により，Otto_2D のアドインメニューを追加します．図 5.2 は追加されたメニューを示します．

まず，図 5.1 右に示すようなグランドストラクチャを作成するには，図 5.2 に示すメニューの「**背景構造作成**」を選択します．なお，図 5.2 のメニューの「**骨組作成**」は通常の骨組データを作成する場合に用います．図 5.3 は，「**背景構造作成**」を選択した時に表示されるユーザーフォームを示します．ここで，グランドストラクチャの節点数，材料数，要素特性数を入力します．

図 5.2　アドイン機能により追加された Otto_2D のメニュー

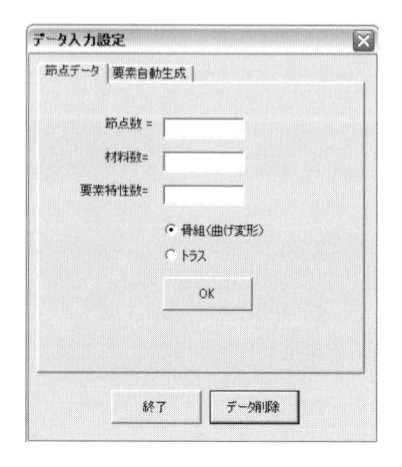

図 5.3　グランドストラクチャを作成するためのユーザーフォーム

5.1 例題1 ラーメン構造の最適な形   75

　材料数とは，ヤング係数の異なる材料数のことで，要素特性数は，断面の種別数です．ただし，設計の対象としない要素（密度を変化させない要素）がある場合は，すべての要素断面が同じであっても要素特性数を2とします．また，「**骨組（曲げ変形）**」と「**トラス**」のオプションは，すべての接合部をピン接合とする場合のみ「**トラス**」を選択します．この場合，断面2次モーメントは0となり，全節点の回転成分が拘束されます．

　図 5.1 のグランドストラクチャの節点数は 35（7×5），材料数は 1 です．要素特性数は，図 5.1 の梁部分を密度の変化しない非設計対象要素とするため 2 とします．これらの値を入力し［OK］ボタンをクリックすると，図 5.4 に示すように，Excel シートにデータ入力項目とデフォルト値が表示されます．ここで，一旦，図 5.3 の［終了］ボタンでユーザーフォームを閉じます．

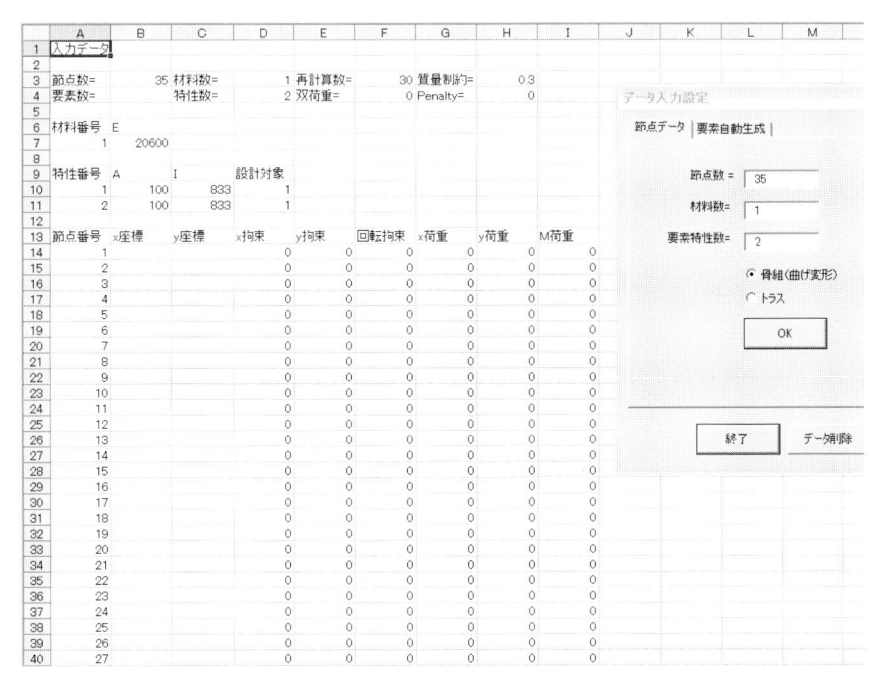

図 5.4　データ入力項目とデフォルト値の表示

次に，図 5.4 の Excel シートに節点に関する情報を入力します．ここで，「x 座標」，「y 座標」の列は節点の x, y 座標値を入力し，「x 拘束」，「y 拘束」，「回転拘束」の列は節点の境界条件（支点の条件）を（0/1）で入力します．また，「x 荷重」，「y 荷重」，「M 荷重」の列は，節点に加わる x, y 方向の荷重値とモーメント荷重値を入力します．また，6 行目の「E」はヤング係数，9 行目の「A」は断面積，「I」は断面 2 次モーメント，「設計対象」は，その特性番号の要素を設計対象にするかどうかを（0/1）で与えます．設計対象を 0 にすると，要素密度は変化しません．なお，単位については，ユーザーが任意に設定することができますが，材料定数，断面定数，座標値，荷重値の単位が統一されている必要があります．

図 5.1 の例題の場合，図 5.5 に示すように，節点の x, y 座標を入力します．ただし，ここでは，節点間距離を 100cm としています．次に，節点 1 と節点 7 の x 方向変位と y 方向変位を拘束します（1 を入力）．

	節点番号	x座標	y座標	x拘束	y拘束	回転拘束	x荷重	y荷重	M荷重
13									
14	1	0	0	1	1	0	0	0	0
15	2	100	0	0	0	0	0	0	0
16	3	200	0	0	0	0	0	0	0
17	4	300	0	0	0	0	0	0	0
18	5	400	0	0	0	0	0	0	0
19	6	500	0	0	0	0	0	0	0
20	7	600	0	1	1	0	0	0	0
21	8	0	100	0	0	0	0	0	0
22	9	100	100	0	0	0	0	0	0
23	10	200	100	0	0	0	0	0	0
24	11	300	100	0	0	0	0	0	0
25	12	400	100	0	0	0	0	0	0
26	13	500	100	0	0	0	0	0	0
27	14	600	100	0	0	0	0	0	0
28	15	0	200	0	0	0	0	0	0
29	16	100	200	0	0	0	0	0	0
30	17	200	200	0	0	0	0	0	0
31	18	300	200	0	0	0	0	0	0
32	19	400	200	0	0	0	0	0	0
33	20	500	200	0	0	0	0	0	0
34	21	600	200	0	0	0	0	0	0
35	22	0	300	0	0	0	0	0	0
36	23	100	300	0	0	0	0	0	0
37	24	200	300	0	0	0	0	0	0
38	25	300	300	0	0	0	0	0	0
39	26	400	300	0	0	0	0	0	0
40	27	500	300	0	0	0	0	0	0
41	28	600	300	0	0	0	0	0	0
42	29	0	400	0	0	0	0	0	0
43	30	100	400	0	0	0	0	0	0
44	31	200	400	0	0	0	0	0	0
45	32	300	400	0	0	0	0	0	0
46	33	400	400	0	0	0	0	0	0
47	34	500	400	0	0	0	0	0	0
48	35	600	400	0	0	0	0	0	0

図 5.5 節点情報の入力

次に，ヤング係数と断面定数を図 5.6 のように入力します．ヤング係数は，鉄筋コンクリートとして 2060kN/cm^2 とし，グランドストラクチャ部材は 10cm×10cm の中実断面，非設計対象とする梁部材は 30cm×60cm の断面とします．また，特性番号 2 の梁部材の「**設計対象**」は 0 にします．

図 5.6 材料定数，断面定数の入力

次に，再度，図 5.2 の「**背景構造作成**」メニューを選択し，図 5.3 のユーザーフォームを表示します．このとき，節点数，材料数，要素特性数は，すでに入力した値が読み込まれて表示されます．

次に，図 5.3 のユーザーフォームで「**要素自動生成**」タグを選択します．そうすると，図 5.7 に示すように，要素最大長がテキストボックスに表示されます．

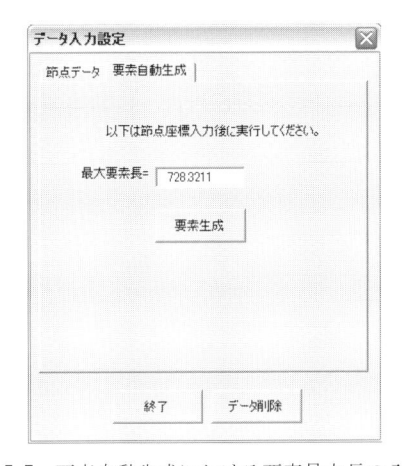

図 5.7 要素自動生成における要素最大長の入力

図 5.7 の［**要素生成**］ボタンをクリックすると，すべての可能な要素が生成され，図 5.1 右に示すグランドストラクチャの要素データが図 5.8 に示すように作成されます．なお，この「**要素最大長**」は，生成される要素の最大長さを与えるもので，この値を小さくすることで要素数の少ないグランドストラクチャを生成することも可能です．

	A	B	C	D	E	F	G	H	I	J	K	L	M
1	入力データ												
2													
3	節点数=	35	材料数=	1	再計算数=	30	質量制約=	0.3					
4	要素数=	390	特性数=	2	双荷重=	0	Penalty=	0					
5													
6	材料番号	E											
7	1	2060											
8													
9	特性番号	A		I	設計対象								
10	1	100	833.3333	1									
11	2	1800	540000	0									
12													
13	節点番号	x座標	y座標	x拘束	y拘束	回転拘束	x荷重	y荷重		M荷重			
14	1	0	0	1	1	0	0	0		0			
15	2	100	0	0	0	0	0	0		0			
50	要素番号	節点1	節点2	材料番号	特性番号	wxi	wxj	wyi	wyj	rmdi	rmdj		要素長
51	1	1	2	1	1	0	0	0	0	1	1		100
52	2	1	8	1	1	0	0	0	0	1	1		100
53	3	1	9	1	1	0	0	0	0	1	1		141.4214
54	4	1	10	1	1	0	0	0	0	1	1		223.6068
55	5	1	11	1	1	0	0	0	0	1	1		316.2278
56	6	1	12	1	1	0	0	0	0	1	1		412.3106
57	7	1	13	1	1	0	0	0	0	1	1		509.9019
58	8	1	15	1	1	0	0	0	0	1	1		608.2762
59	9	1	16	1	1	0	0	0	0	1	1		223.6068
60	10	1	18	1	1	0	0	0	0	1	1		360.5551
61	11	1	20	1	1	0	0	0	0	1	1		538.5165
62	12	1	23	1	1	0	0	0	0	1	1		316.2278
63	13	1	24	1	1	0	0	0	0	1	1		360.5551
64	14	1	26	1	1	0	0	0	0	1	1		500
65	15	1	27	1	1	0	0	0	0	1	1		583.0952
66	16	1	28	1	1	0	0	0	0	1	1		670.8204
67	17	1	30	1	1	0	0	0	0	1	1		412.3106
68	18	1	32	1	1	0	0	0	0	1	1		500
69	19	1	34	1	1	0	0	0	0	1	1		640.3124
70	20	2	3	1	1	0	0	0	0	1	1		100
71	21	2	8	1	1	0	0	0	0	1	1		141.4214
72	22	2	9	1	1	0	0	0	0	1	1		100
73	23	2	10	1	1	0	0	0	0	1	1		141.4214
74	24	2	11	1	1	0	0	0	0	1	1		223.6068
75	25	2	12	1	1	0	0	0	0	1	1		316.2278
76	26	2	13	1	1	0	0	0	0	1	1		412.3106
77	27	2	14	1	1	0	0	0	0	1	1		509.9019
78	28	2	15	1	1	0	0	0	0	1	1		223.6068
79	29	2	17	1	1	0	0	0	0	1	1		223.6068
80	30	2	19	1	1	0	0	0	0	1	1		360.5551

図 5.8　自動生成された要素情報

図 5.8 で，「**節点 1**」，「**節点 2**」は，要素両端の節点番号を示し，「**材料番号**」，「**特性番号**」は，7 行目の材料番号と，10, 11 行目の特性番号に対応します．「wxi」，「wxj」，「wyi」，「wyj」は，要素に分布荷重を与える場合の要素両端の x, y 方向の分布荷重値を示します．「rmdi」，「rmdj」は，第 3 章の(3.27)式で定義される要

素両端の接合部バネパラメータ λ の値を示します．なお，λ のデフォルト値はすべて 1（剛接）となります．また，「**要素長**」は，各要素の要素長を示します．なお，この要素長は，確認のためのもので解析には使用されません．

次に，非設計対象の梁部分の要素を加えます．また，この梁部分の要素に鉛直下方の等分布荷重を与えます．図 5.9 は，付加された特性番号 2 の要素データを示します．等分布荷重は，y 方向下向きに 1kN/cm としています．次に，図 5.8 の「**要素数**」を 390 から 396 に変更します．

50	要素番号	節点1	節点2	材料番号	特性番号	wxi	wxj	wyi	wyj	rmdi	rmdj	要素長
51	1	1	2	1	1	0	0	0	0	1	1	100
52	2	1	8	1	1	0	0	0	0	1	1	100
53	3	1	9	1	1	0	0	0	0	1	1	141.4214
439	389	33	34	1	1	0	0	0	0	1	1	100
440	390	34	35	1	1	0	0	0	0	1	1	100
441	391	29	30	1	2	0	0	−1	−1	1	1	117394.8
442	392	30	31	1	2	0	0	−1	−1	1	1	
443	393	31	32	1	2	0	0	−1	−1	1	1	
444	394	32	33	1	2	0	0	−1	−1	1	1	
445	395	33	34	1	2	0	0	−1	−1	1	1	
446	396	34	35	1	2	0	0	−1	−1	1	1	

図 5.9　付加した梁部分の要素データ

次に，図 5.2 のメニューで「**図の表示**」を選択し，「**骨組表示**」タグを選択し，「**支持条件**」，「**荷重条件**」のチェックボックスをオンにして，「**骨組表示**」ボタンをクリックすると，図 5.10 に示すように，グランドストラクチャの骨組図と境界条件・荷重条件を表示できます．

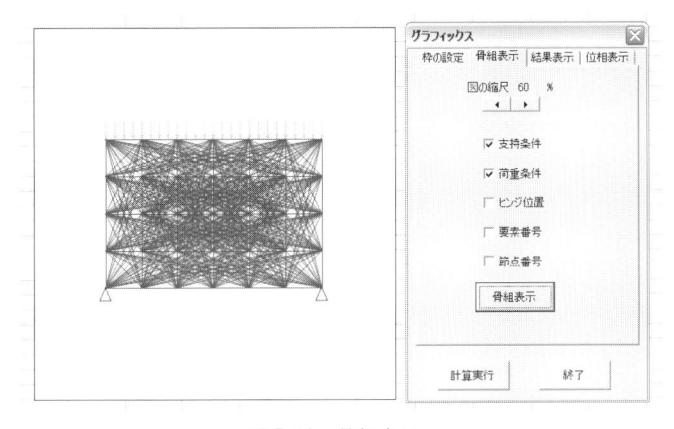

図 5.10　骨組表示

次に，最適化計算の条件を入力します．最適化計算の条件としては，図5.11に示すように，「**再計算数**」，「**質量制約**」，「**双荷重**」，「Penalty」があります．

まず，「**再計算数**」は，第3章の図3.11の計算フローの再計算の数を示します．「**質量制約**」は，第3章の(3.48)式の$\bar{m}$を示しますが，ここでは，要素密度をすべて1としたときの質量との比で与えるようにしています．また，「**双荷重**」は，地震力などのx方向の荷重を左右両方向から与える場合に1を入力し，そうでない場合は0を入力します．「Penalty」は，第3章の(3.66)式のペナルティを課すかどうかを（0/1）で与えます．0の場合は，(3.66)式のpは1で与えられます．なお，ペナルティを課す場合も，「**再計算数**」が10以下では$p=1$で計算されるため，「**再計算数**」を10より大きくする必要があります（20～30が適当です）．

ここでは，「**質量制約**」を0.2，「Penalty」を1に変更し，他のデータはデフォルト値を用います．なお，質量制約は，すべての要素密度を1とした質量の20%で制約することを意味します．

	A	B	C	D	E	F	G	H
1	入力データ							
2								
3	節点数=	35	材料数=	1	再計算数=	30	質量制約=	0.2
4	要素数=	396	特性数=	2	双荷重=	0	Penalty=	1
5								

図5.11　最適化計算の条件

次に，図5.2のメニューで，「**位相解析（F）**」を選択します．そうすると，図5.12のユーザーフォームが表示されます．このユーザーフォームは，Excelシートのデータをテキストデータファイルとして保存し，保存されたデータをFortranで作成された解析プログラムで読み込み，最適化計算を実行し，ファイルに出力された結果を再度，Excelシートに読み込むためのものです．

まず，図5.12の「**場所**」は，Excelシートのデータをテキストファイルとして保存する時の保存先のディレクトリを示します．「**ファイル名**」は，テキストファイルのファイル名を示します．また，「**プログラム**」は，Fortranで作成された解析プログラムの実行ファイル名（exeファイル名）を示します．

図5.12の「**場所**」と「**ファイル名**」は，「**ファイル名**」の横の「**選択**」ボタン

をクリックすることにより指定できます.ここでは,Otto_2D フォルダーの中に,すでに作成されている data フォルダーの中のファイルを選択します.

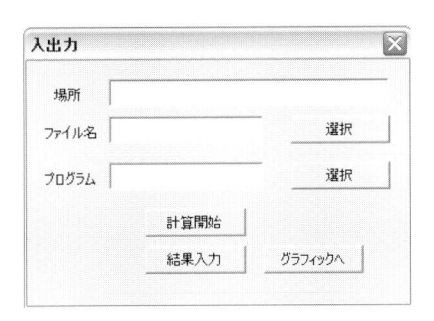

図 5.12 位相解析を行うためのユーザーフォーム

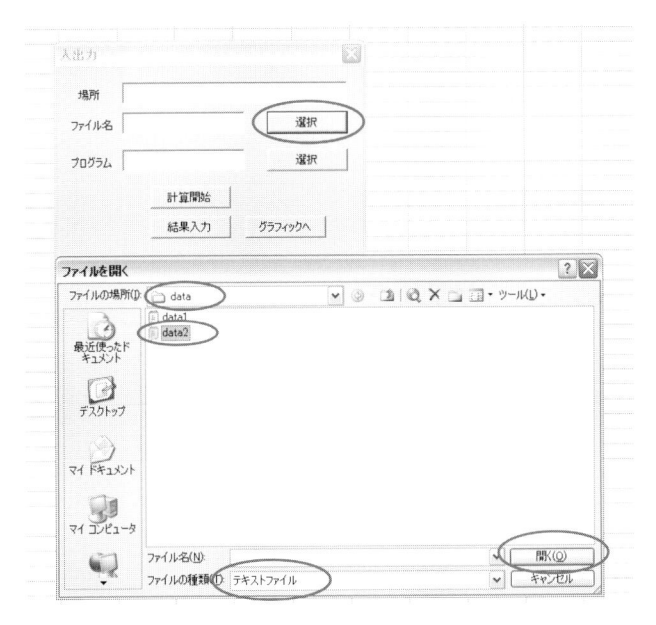

図 5.13 保存先のテキストファイル名の指定

図 5.13 に示すように「**選択**」ボタンをクリックし,「**ファイルの場所(I):**」等で Otto_2D フォルダーを探し,その中の data フォルダーを開いてください.そして,

その中の"data1"を選択するか，あるいは，マウスの右クリックで，「**新規作成**」→「**テキストドキュメント**」を選択し，ファイルに適当な名前を付けて作成することもできます．図 5.13 では，後者の方法で"data2"を作成しています．ただし，ファイル名は半角英数としてください．次にファイルを選択し，「**開く**」ボタンをクリックします．

そうすると，図 5.14 左に示すように，保存先のテキストファイルのディレクトリ（場所）と，ファイル名が表示されます．この時，「**場所**」や「**ファイル名**」に日本語があると，解析プログラムのファイル読み込みに不具合が生じる場合がありますので注意してください．（基本的に半角英数のディレクトリとなる場所にOtto_2D フォルダー等をコピーしてください．）

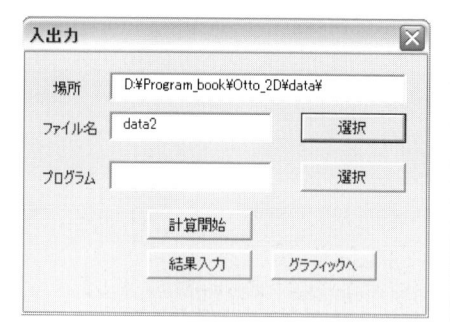

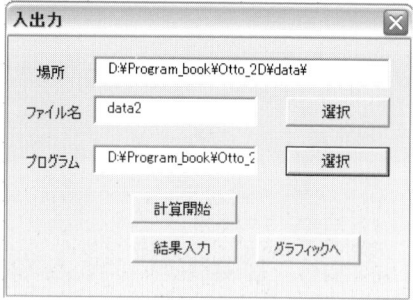

図 5.14　保存先のテキストファイル名と解析プログラムの実行ファイル名

次に，Fortran 解析プログラムの実行ファイル名を指定します．実行ファイルは，Otto_2D フォルダー内にあります．まず，図 5.14 の「**プログラム**」の右の「**選択**」ボタンをクリックします．そうすると，先ほど指定した data フォルダーが表示されるので，一つ上のディレクトリに移動します．

そうすると図 5.15 に示すように，Otto_2D_SLP と Otto_2D_CON という二つの実行ファイルが表示されます．ここで，Otto_2D_SLP は SLP 法，Otto_2D_CON は CONLIN 法の解析プログラムの実行ファイルです．ここでは，Otto_2D_CON を選択して，「**開く**」ボタンをクリックします．そうすると図 5.14 右に示すように，実行ファイル名がテキストボックスに表示されます．

図 5.15 解析プログラムの実行ファイルの選択

次に，図 5.14 の「**計算開始**」ボタンをクリックします．そうすると図 5.16 に示すように Fortran の実行ファイルにより解析が行われます．

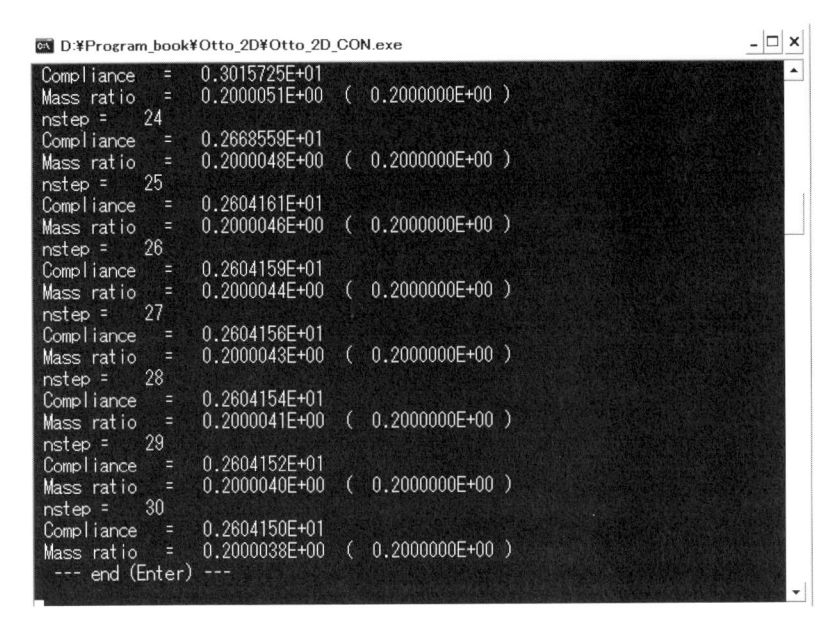

図 5.16 Fortran 解析プログラムによる計算

図 5.16 で,「nstep」は,第 3 章の図 3.11 の再計算回数を,「Compliance」は,第 3 章の(3.57)式で計算されるコンプライアンス値を,「Mass ratio」は,(3.48)式の質量 m と $\bar{m}$ の,すべての要素密度を 1 とした場合の質量との比を示します.なお,この表示は,Enter キーを押すまでは消えない設定になっています.途中で計算を中断する場合は,[Ctrl]+[s]キーを押してください.再度,[Ctrl]+[s]キーを押すと計算が再開されます.

次に,Fortran 解析プログラムで計算された結果を Excel ファイルに読み込みます.これは,図 5.17 に示す「**結果入力**」ボタンをクリックすることによって行われます.これを忘れると,結果が更新されませんのでご注意ください.なお,「**結果入力**」ボタンをクリックすると,「temp」という Excel シートが追加され,ここに,Fortran 解析プログラムの結果が書き込まれます.

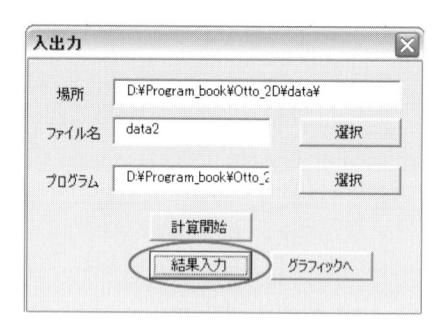

図 5.17 Fortran 解析プログラムの計算結果の Excel ファイルへの読み込み

次に,図 5.17 の「**グラフィックへ**」ボタンをクリックすると,位相を表示するユーザーフォームが表示されます.これは,図 5.2 の「**図の表示**」メニューを選択しても同じです.そして,このユーザーフォームの「**位相表示**」ボタンをクリックすると,図 5.18 に示すように最適な形を表示できます.

図 5.18 のユーザーフォームでは,スピンボタンで線の太さを変えることができます.また,「**しきい値**」は,各要素の太さと最大太さとの比がこの値以上の要素のみを表示させるものです.ただし,要素の太さは,(要素密度×断面積) で計算されます.デフォルト値は 0.5 ですが,この場合は 0.1 としています.「**最大太さ**」は,要素の最大太さを指定するもので,異なる例題で,同一の基準で要素の

太さを比較する場合に用います．0 を入力すると，「(dn*A)max」のところに，要素の最大太さが表示されます．図 5.18 の場合，非設計対象の梁の太さ（要素密度×断面積：$1×1800cm^2$）が最大となっています．

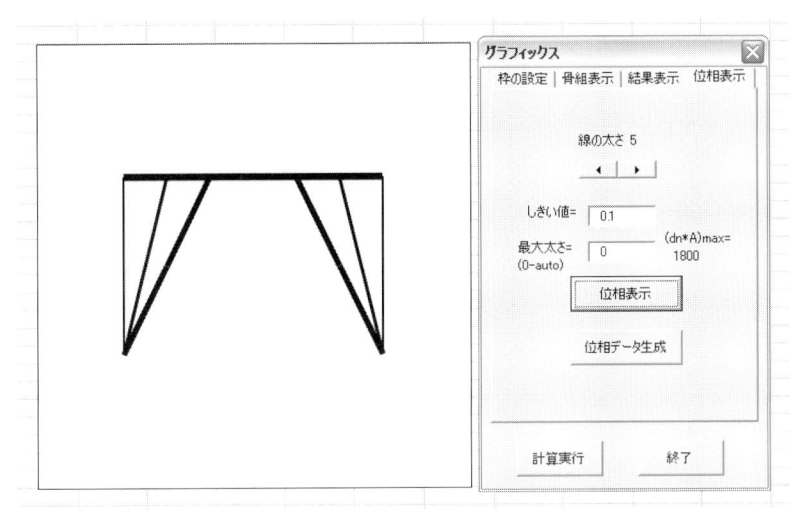

図 5.18　最適な形（位相）の表示

また，「**位相データ生成**」ボタンは，「**しきい値**」に指定された太さ以上の要素による骨組データを作成するためのものです．この場合，「**位相データ**」というシートが追加され，ここに生成されたデータが保存されます．このデータに対して，図 5.2 の「**骨組解析（VB）**」メニューを選択すれば，通常の骨組解析が行えます．また，「**図の表示**」メニューの「**結果表示**」タグを選択すれば，図 5.19 のフォームで，変位，軸力，せん断力，曲げモーメントの図を表示することができます．

図 5.19 で，「**変位表示**」ボタンをクリックすると，変形前と変形後の骨組が表示されます．変形後のみを表示する場合は，「**変位のみ**」のチェックボックスをオンにします．また，断面力を表示する場合は，「**軸力**」，「**せん断力**」，「**曲げモーメント**」のオプションを選択して，「**断面力表示**」ボタンをクリックします．なお，「**計算実行**」ボタンは，図 5.2 の「**骨組解析（VB）**」メニューと同じ骨組解析を行うためのものです．図 5.20 は，生成されたデータに対する軸力図と曲げモーメント図を示しています．

86　第5章　Otto_2D の利用方法

なお，「**骨組解析（VB）**」の解析プログラムは，Excel VBA で作成したもので，『Excel で解く構造力学』（丸善）に作り方が詳しく示されています．（Fortran の解析プログラムも，この本のプログラムの作り方に準じています．）

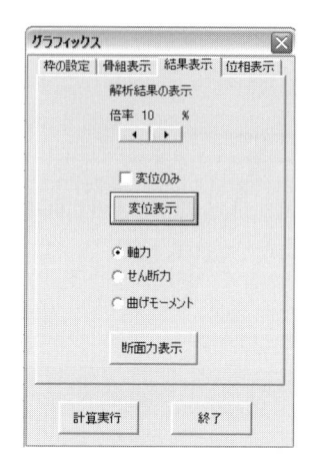

図 5.19　応力解析の結果を表示するユーザーフォーム

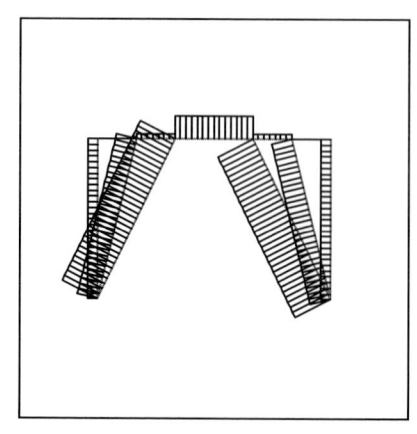

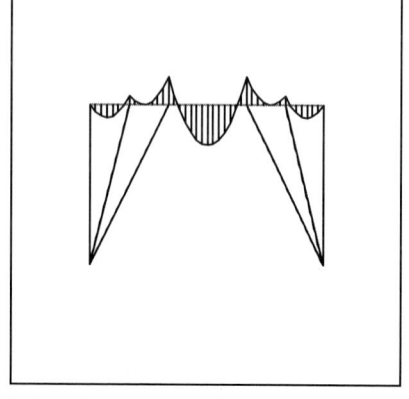

図 5.20　最適な形（位相）の変位の表示

5.1.2 鉛直荷重のみが作用する場合（その2）

次に，第3章の図 3.4 に示すグランドストラクチャの作成法を示します．この場合，節点数 26，材料数 1，特性数 2 とし，節点情報は，図 5.21 のように入力します．また，ヤング係数，断面定数は，5.1.1 項の例題と同じです．背景構造の生成は，自動計算される最大要素長で行います．そして，非設計対象の梁部分の要素情報を図 5.22 のように付加します．また，要素数は 205 に変更します．

13	節点番号	x座標	y座標	x拘束	y拘束	回転拘束	x荷重	y荷重	M荷重
14	1	0	0	1	1	0	0	0	0
15	2	50	0	0	0	0	0	0	0
16	3	100	0	0	0	0	0	0	0
17	4	150	0	0	0	0	0	0	0
18	5	200	0	0	0	0	0	0	0
19	6	250	0	0	0	0	0	0	0
20	7	300	0	0	0	0	0	0	0
21	8	350	0	0	0	0	0	0	0
22	9	400	0	0	0	0	0	0	0
23	10	450	0	0	0	0	0	0	0
24	11	500	0	0	0	0	0	0	0
25	12	550	0	0	0	0	0	0	0
26	13	600	0	1	1	0	0	0	0
27	14	0	400	0	0	0	0	0	0
28	15	50	400	0	0	0	0	0	0
29	16	100	400	0	0	0	0	0	0
30	17	150	400	0	0	0	0	0	0
31	18	200	400	0	0	0	0	0	0
32	19	250	400	0	0	0	0	0	0
33	20	300	400	0	0	0	0	0	0
34	21	350	400	0	0	0	0	0	0
35	22	400	400	0	0	0	0	0	0
36	23	450	400	0	0	0	0	0	0
37	24	500	400	0	0	0	0	0	0
38	25	550	400	0	0	0	0	0	0
39	26	600	400	0	0	0	0	0	0

図 5.21　節点情報の入力

41	要素番号	節点1	節点2	材料番号	特性番号	wxi	wxj	wyi	wyj	rmdi	rmdj	要素長
42	1	1	2	1	1	0	0	0	0	1	1	50
43	2	1	14	1	1	0	0	0	0	1	1	400
44	3	1	15	1	1	0	0	0	0	1	1	403.1129
234	193	25	26	1	1	0	0	0	0	1	1	50
235	194	14	15	1	2	0	0	-1	-1	1	1	8114254
236	195	15	16	1	2	0	0	-1	-1	1	1	
237	196	16	17	1	2	0	0	-1	-1	1	1	
238	197	17	18	1	2	0	0	-1	-1	1	1	
239	198	18	19	1	2	0	0	-1	-1	1	1	
240	199	19	20	1	2	0	0	-1	-1	1	1	
241	200	20	21	1	2	0	0	-1	-1	1	1	
242	201	21	22	1	2	0	0	-1	-1	1	1	
243	202	22	23	1	2	0	0	-1	-1	1	1	
244	203	23	24	1	2	0	0	-1	-1	1	1	
245	204	24	25	1	2	0	0	-1	-1	1	1	
246	205	25	26	1	2	0	0	-1	-1	1	1	

図 5.22　付加した梁部分の要素データ

次に，最適化の条件ですが，図 5.1 の問題と質量制約条件を合わせるために，図 5.1 のグランドストラクチャと，この問題のグランドストラクチャの要素の総体積を計算します．総体積を計算するには，図 5.2 のメニューで，「**総体積計算**」を選択します．そうすると，図 5.23 に示すように 1 行目に計算された総体積が示されます．計算の結果，図 5.1 の問題の総体積が 12819483cm^3，この問題の総体積が 9194254cm^{3}ですから，質量制約を 0.2×(12819483/9194254)=0.2789 で与えれば，得られる位相の質量が同じになります．

	A	B	C	D	E	F	G	H
1	入力データ		総体積=	9194254				
2								
3	節点数=	26	材料数=	1	再計算数=	30	質量制約=	0.2789
4	要素数=	205	特性数=	2	双荷重=	0	Penalty=	1
5								

図 5.23 総体積値と質量制約の設定

以上の解析を行うと，図 5.24 に示す結果が得られます．コンプライアンスも，図 5.18 の結果より約 13%改善されました．なお，第 3 章の図 3.5 では「**線の太さ**」を 10 にして描いています．

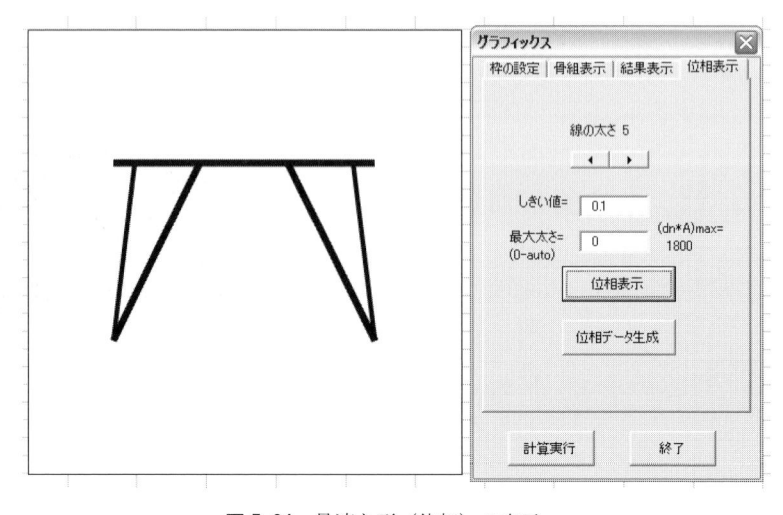

図 5.24 最適な形（位相）の表示

5.1.3 鉛直荷重と水平荷重（地震力）が作用する場合

次に，図 5.1 と同じ設計領域で，鉛直荷重と水平荷重（地震力）が加わる問題を考えてみます．この場合，地震力を非設計対象要素（梁部分）の x 方向の分布荷重として与える方法が最も簡単です．

5.1.1 項で作成したデータを別の名前で保存し，図 5.9 のデータを図 5.25 のように書き替えます．ここでは，1kN/cm の鉛直下方の等分布荷重に対して，0.2kN/cm の水平方向等分布荷重を与えています．

この問題で難しい点は，水平力が右方向のみに作用すると，設計領域の応力に偏りが生じ，非対称な位相（形）が求まってしまう点です．したがって，この問題を解くには，水平方向荷重が右方向に加わる問題と左方向に加わる問題の両方を解き，両方のコンプライアンスを足したものを最小化する必要があります．Otto_2D では，x 方向荷重に限って，そのような機能を付加しています．この機能を用いるには，図 5.26 の最適化計算データの 4 行目の「**双荷重**」の値を 1 にします．これによって，x 方向荷重がプラス方向とマイナス方向でコンプライアンスが計算され，最適化計算が行われます．

50	要素番号	節点1	節点2	材料番号	特性番号	wxi	wxj	wyi	wyj	rmdi	rmdj	要素長
51	1	1	2	1	1	0	0	0	0	1	1	100
52	2	1	8	1	1	0	0	0	0	1	1	100
53	3	1	9	1	1	0	0	0	0	1	1	141.4214
439	389	33	34	1	1	0	0	0	0	1	1	100
440	390	34	35	1	1	0	0	0	0	1	1	100
441	391	29	30	1	2	0.2	0.2	−1	−1	1	1	117394.8
442	392	30	31	1	2	0.2	0.2	−1	−1	1	1	
443	393	31	32	1	2	0.2	0.2	−1	−1	1	1	
444	394	32	33	1	2	0.2	0.2	−1	−1	1	1	
445	395	33	34	1	2	0.2	0.2	−1	−1	1	1	
446	396	34	35	1	2	0.2	0.2	−1	−1	1	1	

図 5.25 梁部分の非設計対象要素への等分布荷重の付加

	A	B	C	D	E	F	G	H	I
1	入力データ		総体積=	12819483					
2									
3	節点数=	35	材料数=	1	再計算数=	30	質量制約=	0.2	
4	要素数=	396	特性数=	2	双荷重=	1	Penalty=	1	
5									

図 5.26 最適化計算条件の入力

図 5.27 は，解析結果を表示したものですが，図 5.18 に比較すると，柱がより斜めに傾くことがわかります。

図 5.28 は，水平分布荷重を 0kN/cm, 0.2kN/cm, 0.8kN/cm の位相の変化を示したものです。

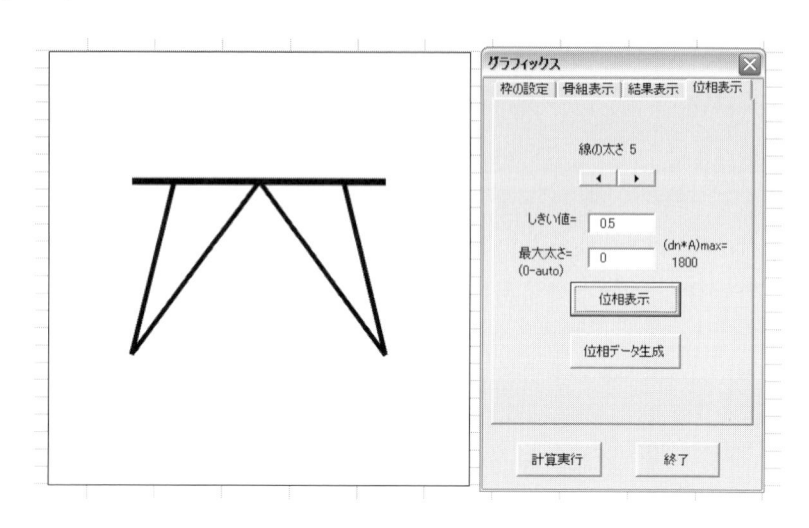

図 5.27 最適な形（位相）の表示

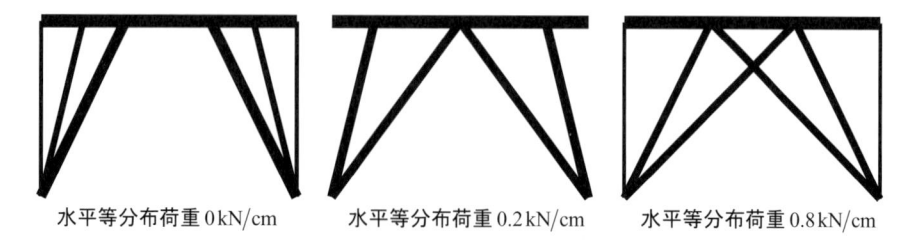

図 5.28 水平荷重に対する最適な形（位相）の変化

5.2 例題2　ビルのファサードデザイン

5.2.1　1階柱脚の位置を限定しない問題

例題1で，ほぼOtto_2Dの基本機能は説明しましたので，以下の例題では，すでに作成されているデータファイルを用いるものとし，Otto_2Dに関しては，例題1で用いなかった機能のみを説明します．

例題2では，第1章にも示した，ビルの床のみが存在し，これを支える最適な骨組の形を求める問題を取り上げます．この例題のデータは，Otto_2Dの例題フォルダーに"例題5-2-1.xls"という名前で保存してあります．

図5.29は，設計領域と荷重条件・境界条件を示したものです．図に示すように各階の床（梁）部分は非設計対象とし，これらの非設計対象の要素に1kN/cmの鉛直等分布荷重と0.2kN/cmの水平等分布荷重が加わるものとします．

図5.30はグランドストラクチャを示します．節点は，水平方向に13節点，鉛直方向に5節点で，計65節点としています．また，グランドストラクチャ生成の際の要素最大長は600cmとしています．

図5.31は，最適化の条件およびヤング係数，断面定数を示しています．部材はすべて10cm×10cmの中実断面とし，床（梁）部分のみ鉄，それ以外は鉄筋コンクリートのヤング係数を設定しています．また，最適化の再計算回数は20回としています．図5.32は，得られた解を表示したものです．

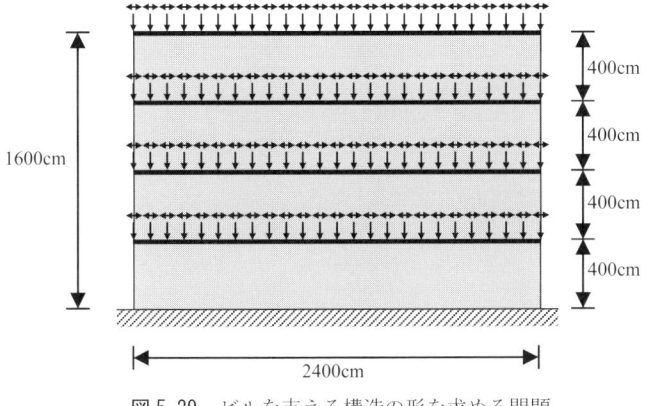

図 5.29　ビルを支える構造の形を求める問題

92   第5章　Otto_2D の利用方法

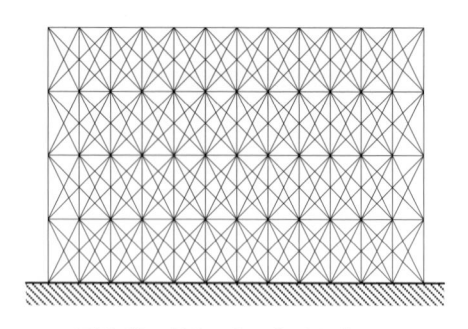

図 5.30 グランドストラクチャ

	A	B	C	D	E	F	G	H	I
1	入力データ								
2									
3	節点数=	65	材料数=	2	再計算数=	20	質量制約=	0.3	
4	要素数=	344	特性数=	2	双荷重=	1	Penalty=	1	
5									
6	材料番号	E							
7	1	2060							
8	2	20600							
9									
10	特性番号	A	I	設計対象					
11	1	100	10000	1					
12	2	100	10000	0					
13									
14	節点番号	x座標	y座標	x拘束	y拘束	回転拘束	x荷重	y荷重	M荷重
15	1	0	0	1	1	1	0	0	0
16	2	200	0	1	1	1	0	0	0

図 5.31 最適化条件，材料・断面定数の入力

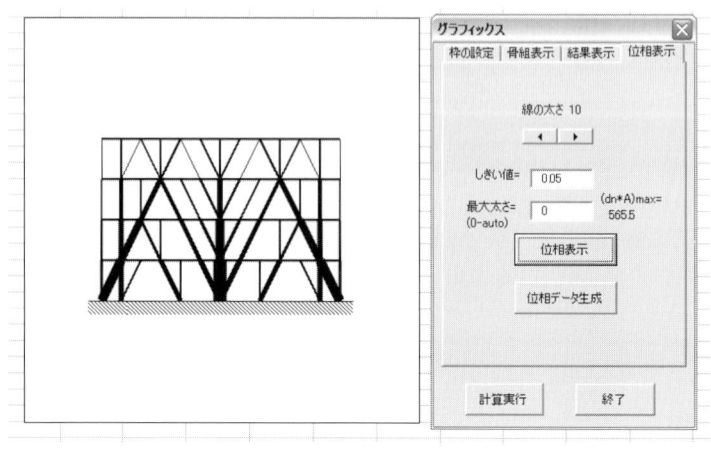

図 5.32 解析結果の表示

なお，図 5.32 で，固定支持を表示するには，「**骨組表示**」タグを選択して，「**支持条件**」のチェックボックスをオンにしておいて，「**位相表示**」タグの「**位相表示**」ボタンをクリックします．

図 5.33 は，水平等分布荷重を 0kN/cm, 0.2kN/cm, 0.4kN/cm, 0.6kN/cm に変化させた場合の解析結果を示しています．

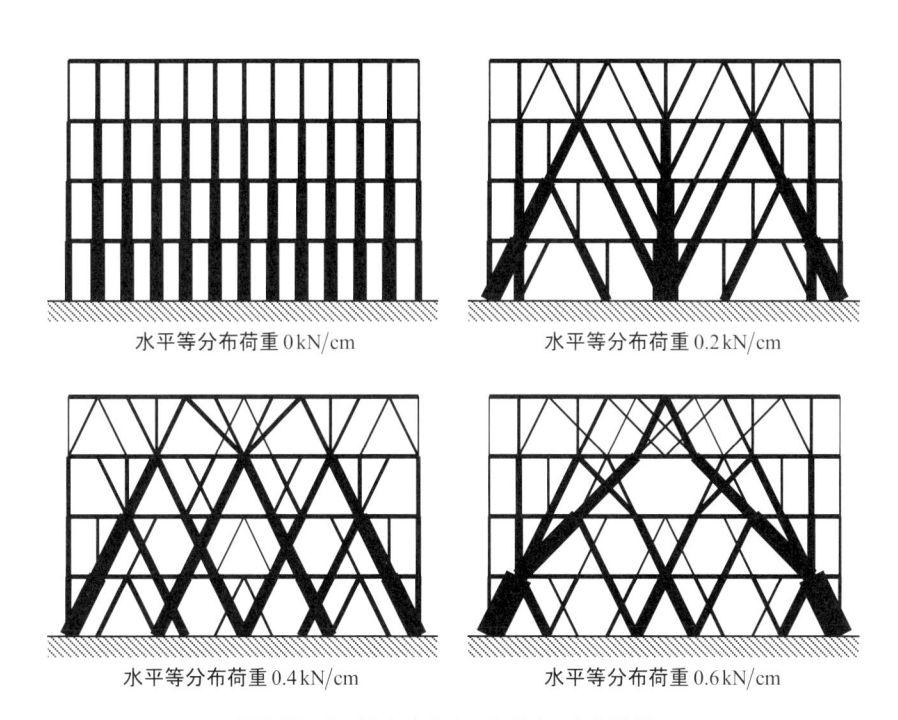

図 5.33　水平力を変化させた場合の解析結果

5.2.2　1 階柱脚の位置を限定する問題

次に，図 5.29 の問題で，領域の下端（基礎部分）節点の拘束条件を変化させた場合の問題を解いてみます．この例題のデータは，Otto_2D の例題フォルダーに"例題 5-2-2A.xls"～"例題 5-2-2C.xls"という名前で保存してあります．

解析条件は，図 5.29 の問題と同じで，水平等分布荷重は 0.2kN/cm とします．図 5.34～5.36 は，グランドストラクチャと解析結果を示しています．

94 第 5 章 Otto_2D の利用方法

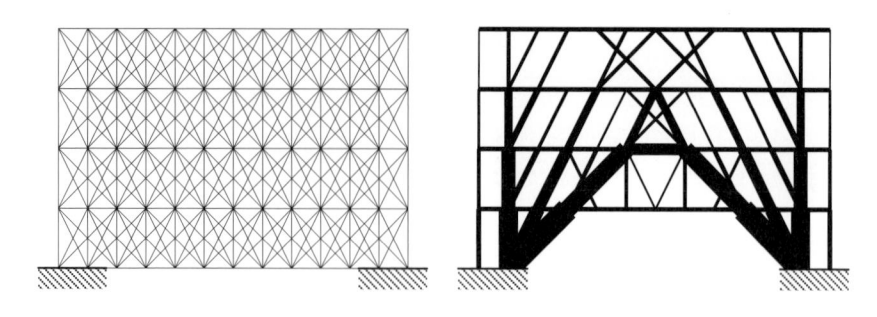

図 5.34 グランドストラクチャと解析結果（両端支持）

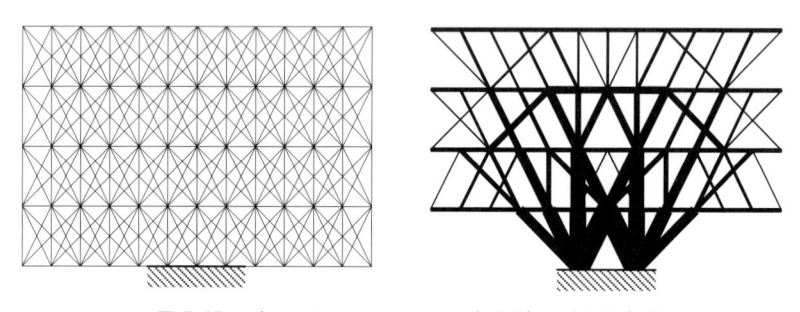

図 5.35 グランドストラクチャと解析結果（中央支持）

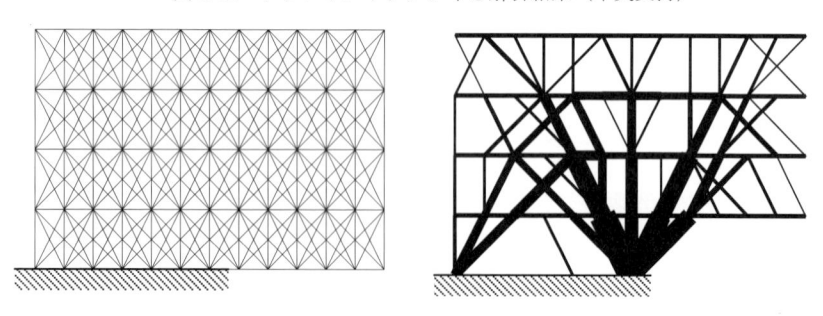

図 5.36 グランドストラクチャと解析結果（片側支持）

以上のように，荷重条件や境界条件を変えることで，様々な形が得られることがわかります。

5.2.3 中層ビルの問題

次に，図 5.29 の問題で，階数を 8 階にした場合の問題を解いてみます．この例題のデータは，Otto_2D の例題フォルダーに "例題 5-2-3A.xls"，"例題 5-2-3B.xls" という名前で保存してあります．

解析条件は，図 5.29 の問題と同じで，各階の水平等分布荷重は 0.2kN/cm とします．図 5.37, 5.38 は，グランドストラクチャと解析結果を示しています．

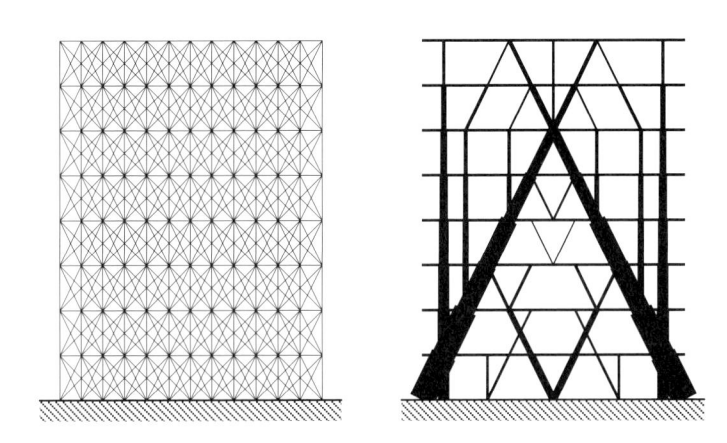

図 5.37　グランドストラクチャと解析結果

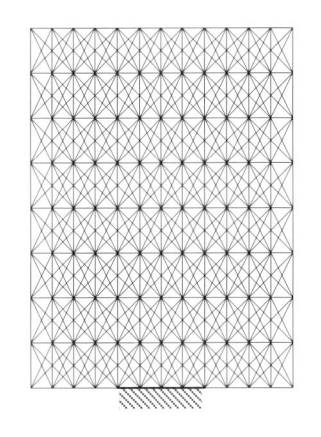

図 5.38　グランドストラクチャと解析結果（中央支持）

5.3 例題3　片持トラスの厳密解との比較

最後の例題として，Otto_2D の解析精度を示すために，厳密解の得られているトラス構造グランドストラクチャの問題を解きます【藤井，真鍋，高田（2008）】．図 5.39 は，解析モデルを示します．また，図 5.40 左は，グランドストラクチャを生成する節点の配置を示しています．これから可能な限りの要素を生成すると 2542 要素となります．また，この問題の厳密解が図 5.40 右に示されます．ただし，C は，コンプライアンス値を示します．

この厳密解は，高田・松岡（2005）の論文に示された手法によって求められたものです．なお，高田・松岡の解析では，ヤング係数が 100kN/mm^2，要素総体積の制約値が 10^6mm^3 として解かれています．

図 5.39　例題 4 の解析モデル

6×12分割(91節点, 2542要素)

$C = 72.9234\text{kNmm}$

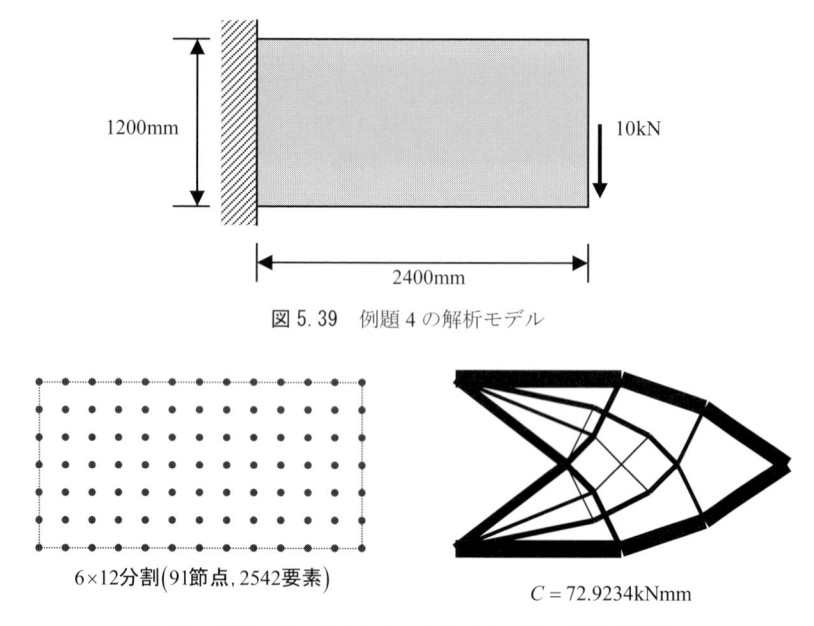

図 5.40　グランドストラクチャを生成する節点配置と厳密解

この問題の入力データは，Otto_2D の例題フォルダーの"例題 5-3.xls"に保存されています．図 5.41 に入力データの一部が示されています．

5.3 例題3 片持トラスの厳密解との比較　97

この問題のデータ生成では，図5.3のユーザーフォームのオプションで，「**トラス**」を選択します．この場合，図5.41からわかるように，断面2次モーメント「**I**」の値が0になり，「**回転拘束**」の列の値がすべて1になります．

	A	B	C	D	E	F	G	H	I	J
1	入力データ		総体積=	7886302.2						
2										
3	節点数=	91	材料数=	1	再計算数=	50	質量制約=	0.1268021		
4	要素数=	2542	特性数=	1	双荷重=	0	Penalty=	0		
5										
6	材料番号	E								
7	1	100								
8										
9	特性番号	A	I	設計対象						
10	1	3	0	1						
11										
12	節点番号	x座標	y座標	x拘束	y拘束	回転拘束	x荷重	y荷重	M荷重	
13	1	0	0	1	1	1	0	0	0	
14	2	0	200	1	1	1	0	0	0	
15	3	0	400	1	1	1	0	0	0	
16	4	0	600	1	1	1	0	0	0	
17	5	0	800	1	1	1	0	0	0	
18	6	0	1000	1	1	1	0	0	0	
19	7	0	1200	1	1	1	0	0	0	
20	8	200	0	0	0	1	0	0	0	
21	9	200	200	0	0	1	0	0	0	
22	10	200	400	0	0	1	0	0	0	
23	11	200	600	0	0	1	0	0	0	
24	12	200	800	0	0	1	0	0	0	
25	13	200	1000	0	0	1	0	0	0	
26	14	200	1200	0	0	1	0	0	0	

図5.41　例題4の入力データの一部

また，高田・松岡の解析における体積制約と条件を合わせるため，断面積Aを3mm^2とし，図5.2の「総体積計算」メニューを選択して，グランドストラクチャ全要素の総体積を計算します．計算された総体積は，図5.41の1行目に示されています．これから，質量制約は，$10^6/7886302.2$によって計算できます．

図5.42は，Otto_2D_CONによる解析結果と高田・松岡の解析結果を比較したものですが，線の太さも，コンプライアンス値もほぼ一致することがわかります．このことから，Otto_2Dの計算が精度よく行われていることがわかります．

なお，Otto_2D_SLPにおいても，ほぼ同様の解が求まることを付記しておきます．

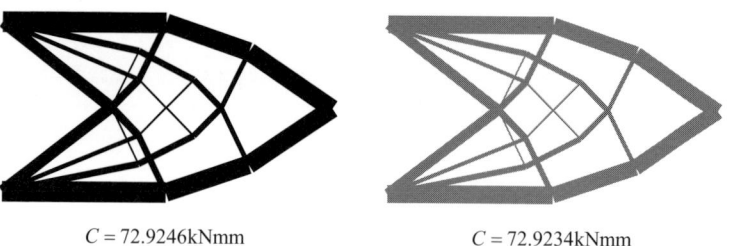

$C = 72.9246\text{kNmm}$
Otto_2Dによる解

$C = 72.9234\text{kNmm}$
厳密解

図 5.42　最適な形の比較

5.4　補足

第3章では，要素の接合部の剛性を各要素で変えることのできる方法を示し，Otto_2D にもこの機能を付加しています．これは，例えば，骨組構造のブレース補強等で，どこにブレースを配置すればより有効な補強ができるかを知るための解析などに利用できます．すなわち，柱・梁の接合部は剛で，ブレースの接合部はピンにするような場合です．ただし，設計対象はブレース部材のみです．しかし，このような例題は，本書の内容から多少逸脱するため，本章の例題には加えていません．興味ある読者は，ぜひこのような例題にもトライしてみてください．

また，本章では，SLP 法による最適化問題の解法である Otto_2D_SLP を用いていませんが，Otto_2D_SLP による解析でも，最適解が一つの場合は，ほぼ同様の解が得られます．ただし，計算時間は Otto_2D_CON の方がかなり短くなります．なお，最適解が複数存在する問題では，CONLIN 法と SLP 法で異なる解が得られることもありますので，色々試していただければと思います．

6 章　Isler_2D の利用方法

　本章では，本書付属ソフト Isler_2D の利用法を説明します．Isler_2D の Excel によるプリ・ポストは，Otto_2D のものとよく似ていますので，Otto_2D が使いこなせるようになれば，Isler_2D を使いこなすのは容易です．ここでは，第 5 章と同じように説明を加えていきます．

6.1　例題 1　ラーメン構造の最適な形

6.1.1　鉛直荷重のみが作用する場合

　まず，図 4.1 に示した例題を Isler_2D で解く方法について説明します．問題を再記すると，図 6.1 となります．

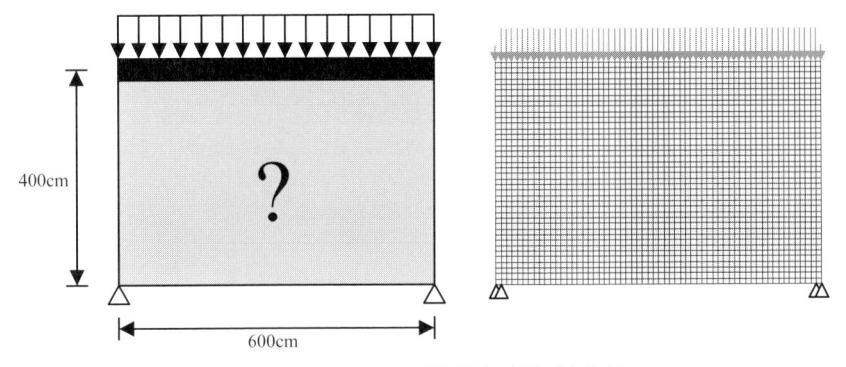

図 6.1　例題 1 の設計領域と有限要素分割

まず，"Isler_2D"フォルダー内のExcelファイル"Isler_2D.xls"を起動します．そして，第1章に示す方法により，アドインファイルとして保存します．次に，Excelメニューの「**新規作成**」で新しいファイルを起動し，第1章に示す方法により，"Isler_2D"のアドインメニューを追加します．図6.2は追加されたメニューを示します．なお，このとき，Otto_2Dのアドインメニューがある場合は，これをオフにしてください（オフにする方法は第1章参照）．

図6.1右に示すような有限要素分割データを作成するには，図6.2に示すメニューの「**新規作成**」を選択します．図6.3は，「**新規作成**」を選択した時に表示されるユーザーフォームを示します．

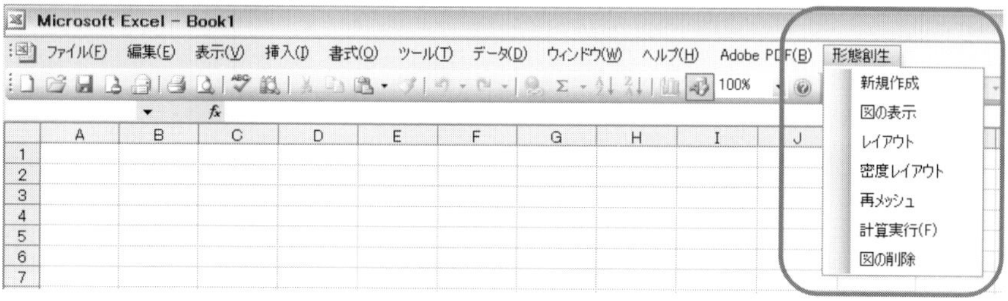

図 6.2 アドイン機能により追加された Isler_2D のメニュー

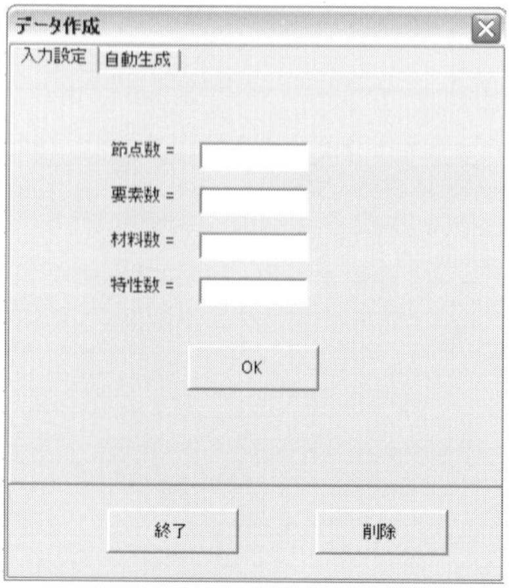

図 6.3 有限要素データを作成するためのユーザーフォーム

ここで，有限要素の節点数，要素数，材料数，要素特性数を入力します．ここに，材料数は，ヤング係数・ポアソン比の異なる材料数です．また，要素特性数は，通常は1で，板厚が変わる場合や非設計対象要素（密度の変化しない要素）を設定する場合などに2以上となります．

図 6.1 右の有限要素の要素数は 60×40 の 2400，節点数は 61×41 の 2501 です．また，材料数は 1，要素特性数は，図 6.1 の梁部分を密度の変化しない非設計対象要素とするため 2 とします．これらの値を入力して［OK］ボタンをクリックすると，図 6.4 に示すように，Excel シートにデータ入力項目とデフォルト値が表示されます．

	A	B	C	D	E	F	G	H	I	J	K	L	M	N
1	入力データ													
2														
3	節点数=	2501	材料数=		1	再計算数=		1	質量制約=		0.3			
4	要素数=	2400	特性数=		2	双荷重=		0	Filter_wt=		0.1			
5														
6	材料番号	E		ν										
7	1	20580		0.3										
8														
9	特性番号	t		設計対象										
10	1	1		1										
11	2	1												
12														
13	節点番号	x座標	y座標	x拘束	y拘束	x荷重	y荷重							
14	1			0	0	0	0							
15	2			0	0	0	0							
16	3			0	0	0	0							
17	4			0	0	0	0							
18	5			0	0	0	0							
19	6			0	0	0	0							
20	7			0	0	0	0							
21	8			0	0	0	0							
22	9			0	0	0	0							
23	10			0	0	0	0							
24	11			0	0	0	0							
25	12			0	0	0	0							
26	13			0	0	0	0							
27	14			0	0	0	0							
28	15			0	0	0	0							
29	16			0	0	0	0							
30	17			0	0	0	0							
31	18			0	0	0	0							
32	19			0	0	0	0							
33	20			0	0	0	0							
34	21			0	0	0	0							
35	22			0	0	0	0							
2511	2498			0	0	0	0							
2512	2499			0	0	0	0							
2513	2500			0	0	0	0							
2514	2501			0	0	0	0							
2515														
2516	要素番号	材料番号	特性番号	節点1	節点2	節点3	節点4							
2517	1	1	1											
2518	2	1	1											
2519	3	1	1											
2520	4	1	1											
2521	5	1	1											
2522	6	1	1											
2523	7	1	1											
2524	8	1	1											
2525	9	1	1											
2526	10	1	1											
2527	11	1	1											
2528	12	1	1											

［データ作成ダイアログ：入力設定／自動生成タブ　節点数=2501，要素数=2400，材料数=1，特性数=2，OK，終了，削除］

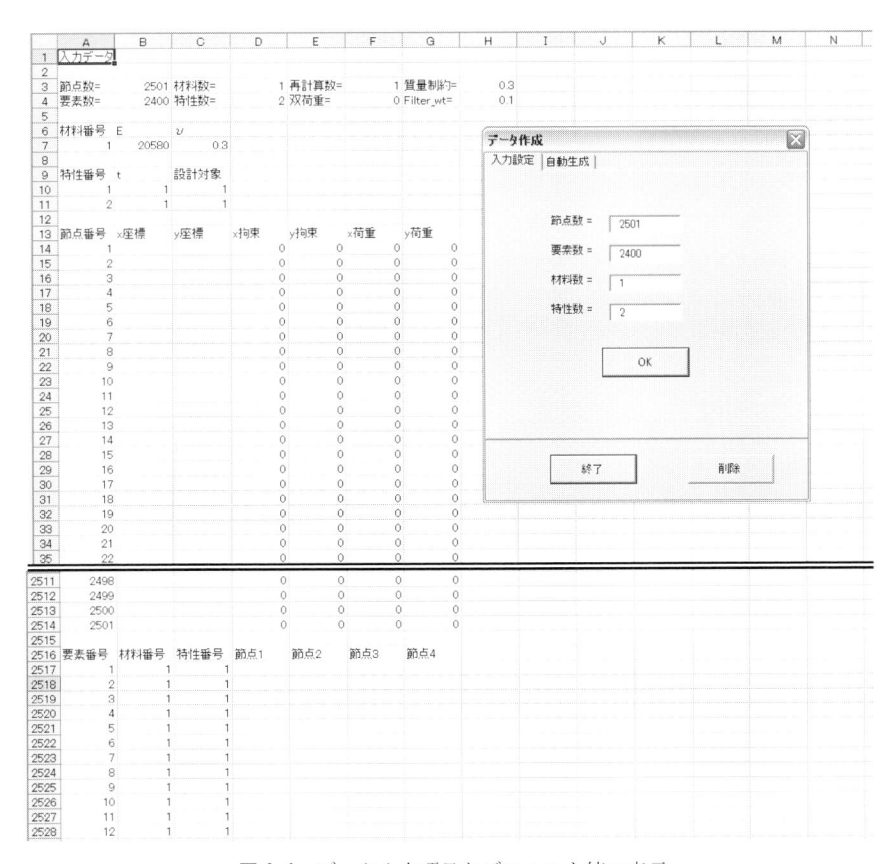

図 6.4　データ入力項目とデフォルト値の表示

ここで,「x 座標」,「y 座標」は節点の x, y 座標,「x 拘束」,「y 拘束」は節点の境界条件 (0/1),「x 荷重」,「y 荷重」は,節点に加わる x, y 方向の荷重値を示します.また,6 行目の「E」はヤング係数,「ν」はポアソン比,9 行目の「t」は有限要素の板厚,「**設計対象**」は,設計対象要素かそうでないかを示します.設計対象を 0 にすると,要素密度は変化しません.また,「**節点 1**」,「**節点 2**」,「**節点 3**」,「**節点 4**」は,要素の節点番号を示し,「**材料番号**」,「**特性番号**」は,7 行目の材料番号と,10, 11 行目の特性番号に対応します.

図 6.1 右の有限要素分割の節点情報,要素情報を直接入力するのは,結構手間がかかりますので,このような等分割要素に関してはデータの自動生成が行えるようになっています.データの自動生成(自動分割)を行うためには,図 6.3 のユーザーフォームの「**自動生成**」タグを選択します.そして,図 6.5 に示すような入力を行います.

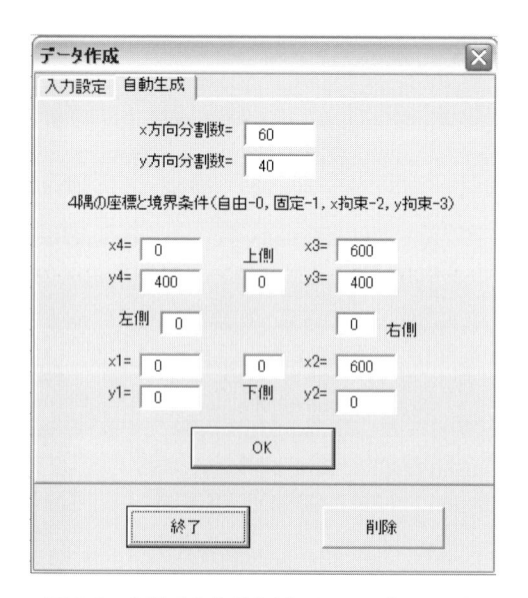

図 6.5 有限要素自動分割のためのデータ入力

ここで,「**x 方向分割数**」,「**y 方向分割数**」は x, y 方向の分割数,「x1」,「y1」,「x2」,「y2」,「x3」,「y3」,「x4」,「y4」は分割する領域(四辺形)の 4 隅点の x, y

座標を表します．また，「**下側**」，「**上側**」，「**左側**」，「**右側**」は，四辺形領域の辺の境界条件を一度に指定する場合に用いるもので，1 を入力すれば，x, y 方向拘束，2 を入力すれば x 方向拘束，3 を入力すれば y 方向拘束の条件となります．

ここでは，領域の大きさを 600cm×400cm とし，これを 60×40 分割しています．また，辺の境界条件は入れていません（後で節点に対して直接入力します）．

図 6.5 のデータを入力して［OK］ボタンをクリックすると，図 6.6 に示すように，節点情報，要素情報が自動的に書き込まれます．なお，1 行目には x, y 方向の分割数が表示されます．

	A	B	C	D	E	F	G	H	I	J
1	入力データ				x,y分割(	60	40)			
2										
3	節点数=		2501	材料数=	1	再計算数=	1	質量制約=	0.3	
4	要素数=		2400	特性数=	2	双荷重=	0	Filter_wt=	0.1	
5										
6	材料番号	E		ν						
7	1	20580		0.3						
8										
9	特性番号	t		設計対象						
10	1	1		1						
11	2	1		1						
12										
13	節点番号	x座標	y座標	x拘束	y拘束	x荷重	y荷重			
14	1	0	0	0	0	0	0			
15	2	10	0	0	0	0	0			
16	3	20	0	0	0	0	0			
17	4	30	0	0	0	0	0			
18	5	40	0	0	0	0	0			
2511	2498	570	400	0	0	0	0			
2512	2499	580	400	0	0	0	0			
2513	2500	590	400	0	0	0	0			
2514	2501	600	400	0	0	0	0			
2515										
2516	要素番号	材料番号	特性番号	節点1	節点2	節点3	節点4			
2517	1	1	1	1	2	63	62			
2518	2	1	1	2	3	64	63			
2519	3	1	1	3	4	65	64			
2520	4	1	1	4	5	66	65			
2521	5	1	1	5	6	67	66			
2522	6	1	1	6	7	68	67			
2523	7	1	1	7	8	69	68			
2524	8	1	1	8	9	70	69			
2525	9	1	1	9	10	71	70			
2526	10	1	1	10	11	72	71			
2527	11	1	1	11	12	73	72			
2528	12	1	1	12	13	74	73			
2529	13	1	1	13	14	75	74			
2530	14	1	1	14	15	76	75			

図 6.6　自動生成された節点座標と要素情報

次に，要素の材料情報と特性情報を図 6.7 のように入力します．材料は，鉄筋コンクリートとして，ヤング係数 2060kN/cm^2，ポアソン比 0.17 とし，板厚は 30cm とします．また，特性番号 2 の「**設計対象**」は 0 にします．

	A	B	C	D	E	F	G	H	I
1	入力データ				x,y分割(	60	40	)	
2									
3	節点数=	2501	材料数=	1	再計算数=	1	質量制約=	0.2	
4	要素数=	2400	特性数=	2	双荷重=	0	Filter_wt=	0.5	
5									
6	材料番号	E	ν						
7	1	2060	0.17						
8									
9	特性番号	t		設計対象					
10	1	30		1					
11	2	30		0					

図 6.7 材料定数，板厚，設計対象・非対象の入力

次に，図 6.1 右の境界条件（支点の条件）と荷重条件を入力します．境界条件は，座標 (0, 0), (10, 0) および (590, 0), (600, 0) の節点を x, y 拘束とします．すなわち，節点番号 1, 2 と 60, 61 の「x 拘束」，「y 拘束」を 1 にします．次に，荷重は，座標値 (0, 400) 〜 (600, 400) の節点に鉛直等分布荷重（等価節点力）を加えます．すなわち，節点番号 2442〜2500 の行の「y 荷重」に −1 を入力し，節点番号 2441 と 2501 の行の「y 荷重」に −0.5 を入力します．また，図 6.1 の梁部分の要素を非設計対象とするため，要素番号 2221〜2400 の「**特性番号**」を 2 にします．

次に，図 6.2 のメニューで「**図の表示**」を選択し，「**要素表示**」タグを選択し，「**支持条件**」，「**荷重条件**」のチェックボックスをオンにして「**要素表示**」ボタンをクリックすると，図 6.8 に示すように要素分割と境界条件・荷重条件を表示できます．なお，「**図の縮尺**」のスピンドルボタンで，図の大きさを変えられます．

次に，最適化計算の条件を入力します．最適化計算の条件としては，図 6.9 に示すように，「**再計算数**」，「**質量制約**」，「**双荷重**」，「Filter_wt」があります．「**再計算数**」は，第 3 章の図 3.11 の計算フローの再計算の数を示します．連続体の場合は，再計算の効果はそれほど顕著ではないので，通常は 1 で与えます．要素数が多い場合で，納得のいく形が求まらない場合に 2〜3 で与えると綺麗な位相になる場合があります．「**質量制約**」は，(4.25)式の $\bar{m}$ を示しますが，ここでは要素密度をすべて 1 としたときの質量との比で与えるようにしています．また，「**双荷

重」は，x 方向の水平荷重（地震力）を左右両方向から与える場合に 1 を入力し，そうでない場合は 0 を入力します．「Filter_wt」は，(4.33)式の重力制御関数の重み係数 w を表します．0〜2 程度で与えます．なお，"Filter_wt" はフィルタリングの重み（weight）という意味です．

ここでは，「**質量制約**」を 0.2，「**Filter_wt**」を 0.5 にして，他はデフォルト値を用います．なお，「**質量制約**」0.2 は，すべての要素密度を 1 とした質量の 20%で制約することを意味します．

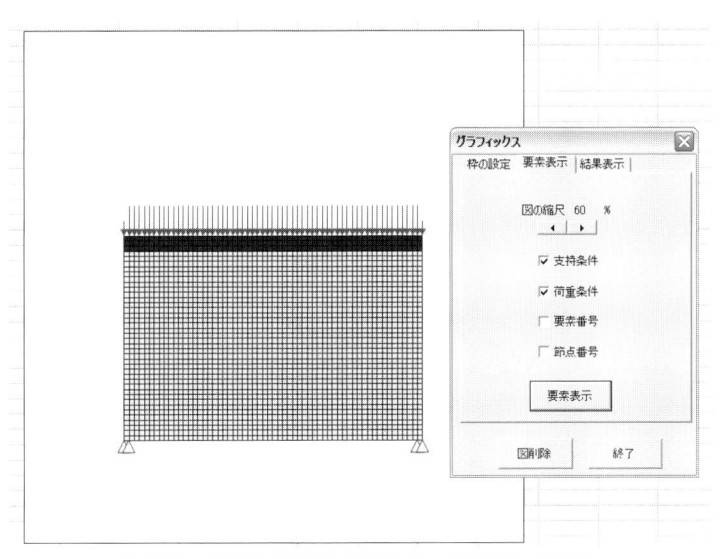

図 6.8　有限要素分割と境界条件，荷重条件の表示

	A	B	C	D	E	F	G	H
1	入力データ				x,y分割(	60	40	)
2								
3	節点数=	2501	材料数=	1	再計算数=	1	質量制約=	0.2
4	要素数=	2400	特性数=	2	双荷重=	0	Filter_wt=	0.5

図 6.9　最適化計算の条件

次に，図 6.2 のメニューで，「**計算実行（F）**」を選択します．そうすると，図 6.10 のユーザーフォームが表示されます．このユーザーフォームは，Excel シー

106　第6章　Isler_2D の利用方法

トのデータをテキストファイルとして保存し，保存されたデータを Fortran で作成された解析プログラムで読み込み，最適化計算を実行し，得られた結果を再度，Excel シートに読み込むためのものです．このユーザーフォームは，第 5 章の図 5.12 とほとんど同じものです．したがって，このユーザーフォームの詳しい説明については，図 5.12 の説明を参照してください．

　ここでは，「**選択**」ボタンにより，図 6.10 に示すように，保存先のテキストファイルのディレクトリ（場所）とファイル名，および Fortran 解析プログラムの実行ファイル名を指定します．なお，実行ファイル "Isler_2D.exe" は位相最適化を行うプログラムで，"Isler_2D_Stress.exe" は応力解析のみを行うプログラム（6.1.4 項参照）です．

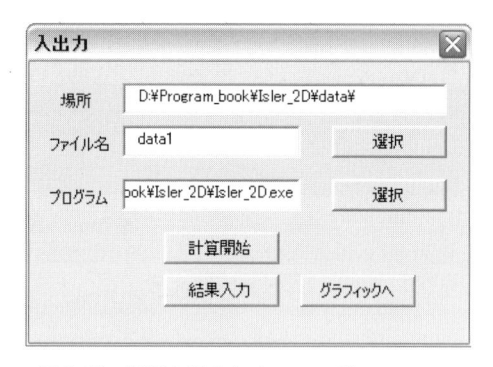

図 6.10　解析を行うためのユーザーフォーム

　次に，図 6.10 の「**計算開始**」ボタンをクリックします．そうすると，図 6.11 に示すように Fortran の実行ファイルにより解析が行われます．

　ここに，「step」は，最適化計算の改修計算回数を示し，「nstep」は，図 3.11 の再計算回数を示します．また，「Compliance」は，(4.23)式で計算されるコンプライアンス値を示します．ただし，ここでは，Step=1 の Compliance 値との比で示されます（Step=1 の値は 1 となります．ただし，双荷重 1 の場合は 2 となります）．「Mass ratio」は，(4.21)式の質量 m と $\bar{m}$ の，すべての要素密度を 1 とした場合の質量との比を示します（カッコ内が $\bar{m}$ です）．「Gravfunc」は，(4.32)式で計算される重力制御関数 G の値を示します．

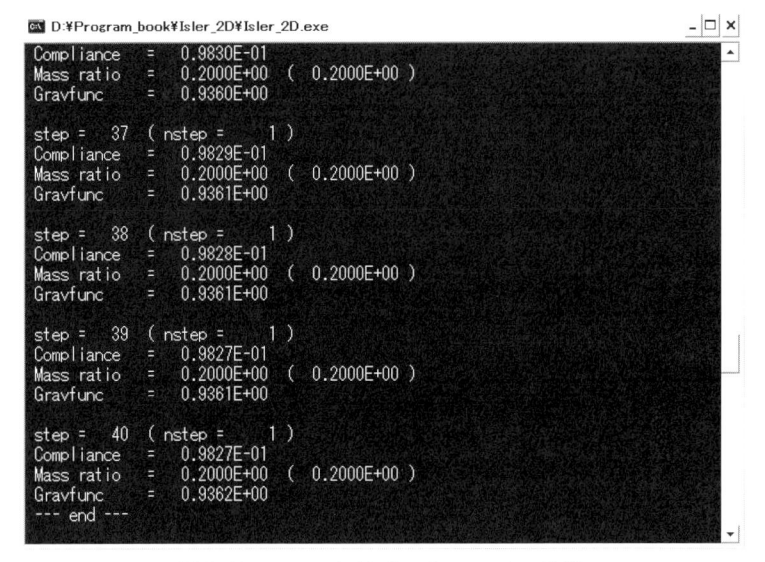

図 6.11　Fortran 解析プログラムによる計算

ここで，図 6.9 の「Filter_wt」は，図 6.11 の実行ファイル画面で Step=40 の Compliance に注意して，これが「Filter_wt」を 0 にした場合と比較してあまり大きくならない範囲で設定してください．例題 1 の場合，「Filter_wt」を 0 にした場合の Compliance が 0.09470 で，0.5 とした場合が 0.09827 となります．

次に，図 6.10 の「**結果入力**」ボタンをクリックすることにより Fortran 解析プログラムで計算された結果を Excel ファイルに読み込みます．この時，「disp」，「stress」，「density」という Excel シートが追加され，ここに，Fortran 解析プログラムの結果（節点変位，要素の応力，最適化された要素密度）が書き込まれます．

次に，図 6.10 の「**グラフィックへ**」ボタンをクリックすると，結果を表示するユーザーフォームが表示されます．これは，図 6.2 の「**図の表示**」メニューを選択しても同じです．そして，このユーザーフォームの「**位相表示**」ボタンをクリックすると，図 6.12 に示すように最適な形を表示できます．

また，「**位相変位表示**」ボタンをクリックすると，図 6.13 のように図 6.12 の位相図の変形（モード）を示すことができます．なお，「**倍率**」のスピンドルボタンを調整することで，変形モードの大きさを変えることができます．

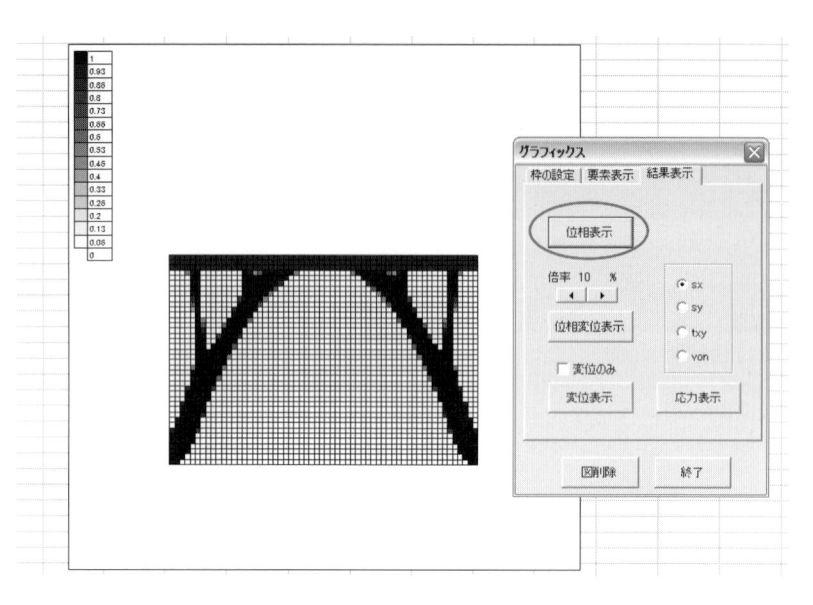

図 6.12 最適な形(位相)の表示

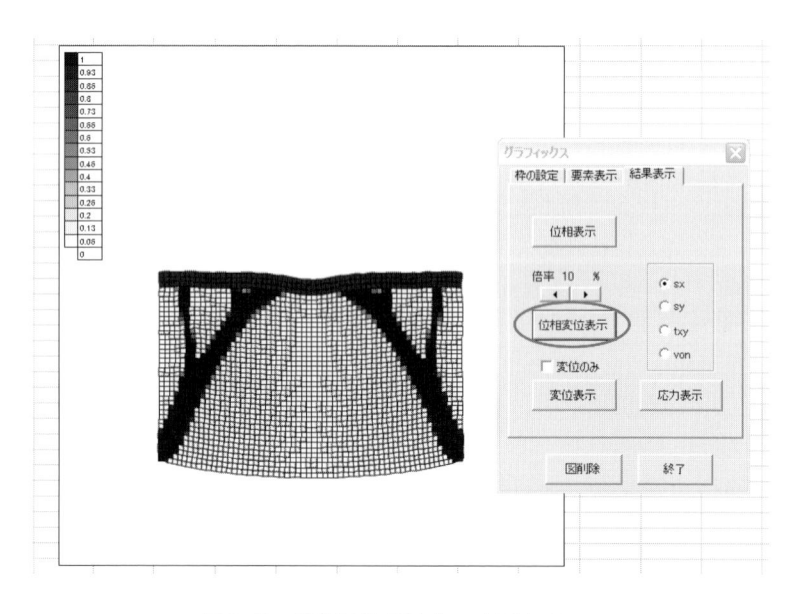

図 6.13 最適な形(位相)の変形表示

6.1.2 鉛直荷重と水平荷重（地震力）が作用する場合

次に，図 6.1 と同じ設計領域で，鉛直荷重と水平荷重（地震力）が加わる問題を考えてみます．この場合，6.1.1 項で作成したデータを別の名前で保存し，鉛直荷重が入力されている節点情報を図 6.14 のように書き替える方法が容易です．ここでは，1kN の鉛直下方の節点荷重に対して，0.2kN の水平方向の節点荷重を与えています（等分布荷重を節点力にするため，梁両端はその半分の値を入力）．

この問題では，水平方向荷重が右方向に加わる問題と左方向に加わる問題の両方を解き，両方のコンプライアンスを足したものを最小化する必要があります．Isler_2D でこの機能を用いるには，図 6.15 に示すように，最適化計算の条件で「**双荷重**」の値を 1 にします．また，ここでは「Filter_wt」を 1 にしています．

	節点番号	x座標	y座標	x拘束	y拘束	x荷重	y荷重
13							
14	1	0	0	1	1	0	0
15	2	10	0	1	1	0	0
2453	2440	600	390	0	0	0	0
2454	2441	0	400	0	0	0.1	-0.5
2455	2442	10	400	0	0	0.2	-1
2456	2443	20	400	0	0	0.2	-1
2457	2444	30	400	0	0	0.2	-1
2458	2445	40	400	0	0	0.2	-1
2459	2446	50	400	0	0	0.2	-1
2460	2447	60	400	0	0	0.2	-1
2461	2448	70	400	0	0	0.2	-1
2462	2449	80	400	0	0	0.2	-1
2463	2450	90	400	0	0	0.2	-1
2505	2492	510	400	0	0	0.2	-1
2506	2493	520	400	0	0	0.2	-1
2507	2494	530	400	0	0	0.2	-1
2508	2495	540	400	0	0	0.2	-1
2509	2496	550	400	0	0	0.2	-1
2510	2497	560	400	0	0	0.2	-1
2511	2498	570	400	0	0	0.2	-1
2512	2499	580	400	0	0	0.2	-1
2513	2500	590	400	0	0	0.2	-1
2514	2501	600	400	0	0	0.1	-0.5

図 6.14　設計領域上端節点への荷重の入力（地震力が加わる場合）

	A	B	C	D	E	F	G	H	I
1	入力データ				x,y分割(	60	40)		
2									
3	節点数=	2501	材料数=	1	再計算数=	1	質量制約=	0.2	
4	要素数=	2400	特性数=	2	双荷重=	1	Filter_wt=	1	

図 6.15　最適化計算の条件

図 6.16 は，解析結果を表示したものですが，図 6.12 に比較すると，柱がより斜めに傾くことがわかります．

図 6.17 は，水平分布荷重を鉛直荷重の 0 倍，0.2 倍，0.8 倍にした場合の位相の変化を示したものです．

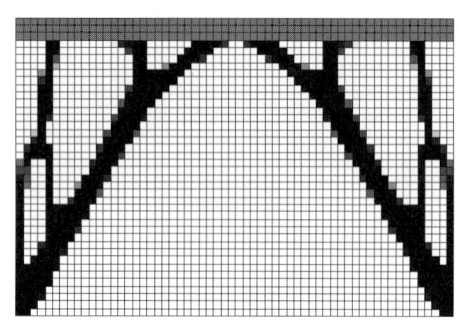

図 6.16　最適な形（位相）の表示

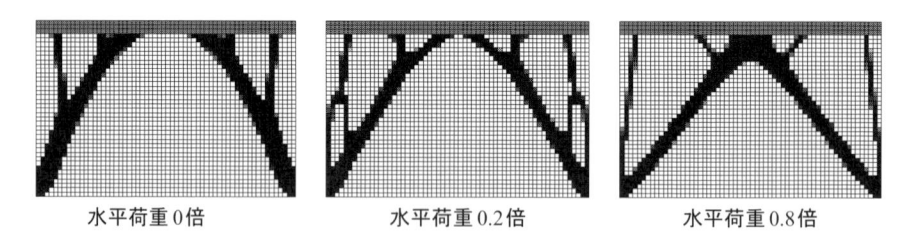

水平荷重 0 倍　　　　水平荷重 0.2 倍　　　　水平荷重 0.8 倍

図 6.17　水平荷重に対する最適な形（位相）の変化

6.1.3　開口部を有する場合

次に，図 6.1 の例題で，領域内に開口部を設定する方法について説明します．Isler_2D には，自由に開口部を設けることのできる機能が付加されていますので，ここでは，その機能を用います．

図 6.18 は，設計領域と境界条件を示しています．境界条件，荷重条件は，図 6.1 と同じです．この場合，まず，6.1.1 項で作成したデータと同じデータを Sheet1 に作成します．6.1.1 項で作成したデータ（例題フォルダー内の"例題 6-1-1.xls"）を名前を変えて保存しても OK です．

6.1 例題 1　ラーメン構造の最適な形　111

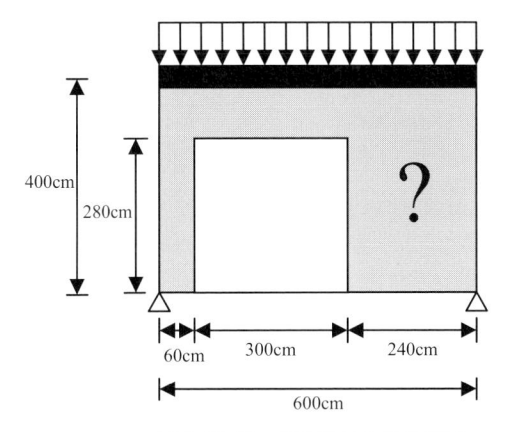

図 6.18 開口部を設けた設計領域

次に，図 6.2 のメニューの「**レイアウト**」を選択します．そうすると，「layout」というシートが自動的に追加され，そこに，図 6.19 に示すような表が作成されます．この表は，例題 1 の要素分割と対応しています．Isler_2D では，この表の 1 を消すことにより，任意の開口部を作成できるようになっています．図 6.20 は，図 6.18 の開口部に相当する領域の要素の 1 を消したものです．

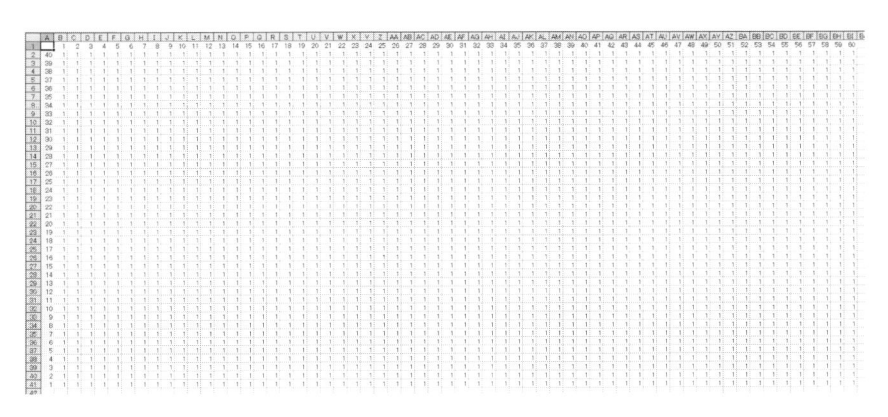

図 6.19 有限要素分割に対応するレイアウト表

112　第 6 章　Isler_2D の利用方法

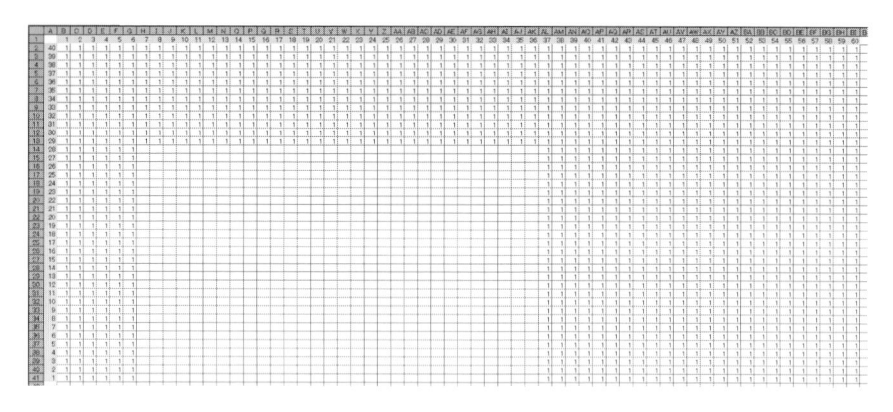

図 6.20　開口部の 1 が消去されたレイアウト表

次に，Sheet1 に戻り，図 6.2 のメニューの「**再メッシュ**」を選択します．そうすると，「data_new」というシートが自動的に追加され，そこに図 6.20 のレイアウト表にしたがって，1 が入力されていない要素が抜かれた新たな有限要素分割データが作成されます．

図 6.21 は，「data_new」シートの一部を示したものですが，節点数と要素数が，図 6.6 に比較して少なくなっていることがわかります．ただし，ここでは，要素数の減少を考慮して，質量制約値を変更しています．

	A	B	C	D	E	F	G	H	I
1	入力データ				x,y分割(	60	40	)	
2									
3	節点数=	1689	材料数=	1	再計算数=	1	質量制約=	0.32	
4	要素数=	1560	特性数=	2	双荷重=	0	Filter_wt=	0.5	
5									

図 6.21　再メッシュ後の節点数と要素数

図 6.22 は，「data_new」シートのデータで，図 6.2 のメニューの「**図の表示**」で要素表示を行ったものです．この図からわかるように，境界条件，荷重条件は，再メッシュされたデータでも保持されます(設定し直す必要はありません)．また，非設計対象要素の情報も保持されています．

図 6.23 は，「data_new」シートのデータで計算を実行した結果を示しています．

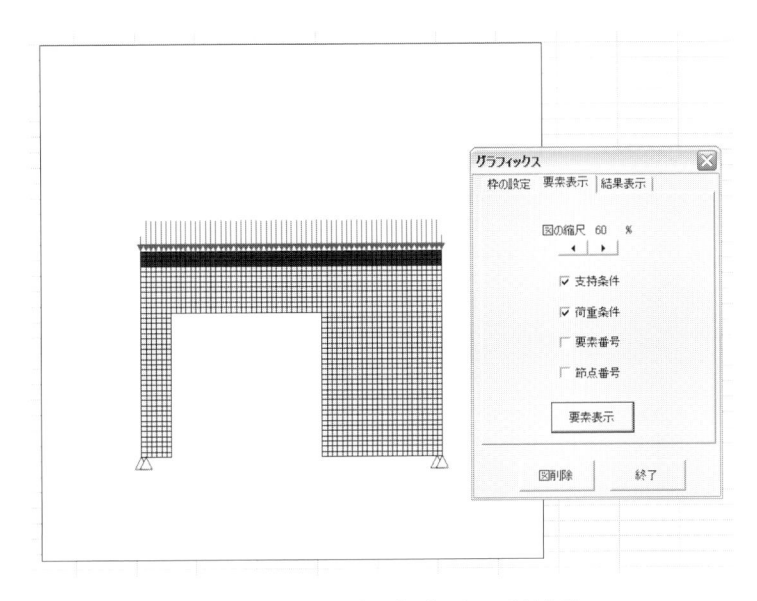

図 6.22　再メッシュされたデータの要素表示

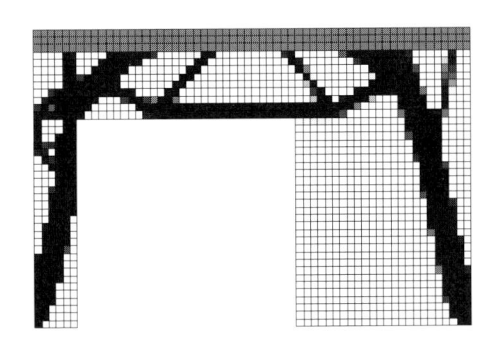

図 6.23　Isler_2D によって得られた開口部を有するラーメン構造の最適な形

なお，図 6.20 のレイアウトは，あくまで開口部のない Sheet1 のデータに対するものです．したがって，「data_new」のデータに対して，図 6.2 のメニューの「**再メッシュ**」を行うとデータが破壊されますのでご注意ください．

6.1.4 得られた形の応力解析

次に，最適化計算で得られた形に対して応力解析を行う方法を示します．

応力解析を行う場合，例えば，例題 1 の図 6.12 で，要素密度の大きい部分のみを取り出して，応力解析が行えれば便利です．Isler_2D では，このような機能も付加されていますので，図 6.12 の解析結果を例としてこの方法を説明します．

まず，6.1.1 項で作成したデータ（例題フォルダー内の"例題 6-1-1.xls"）を読み込んで，これを別の名前で保存します．

次に，Sheet1 で，図 6.2 のメニューの「**レイアウト**」を選択します．次に，図 6.2 のメニューの「**密度レイアウト**」を選択します．なお，この密度レイアウトは，図 6.19 のレイアウト表を参考に行われますので，「**密度レイアウト**」を選択する前に，「**レイアウト**」を実行することを忘れないようにしてください．

図 6.24 は，「**密度レイアウト**」を選択した時に表示されるユーザーホームを示します．図の「**しきい値**」は，残す要素密度の下限値を示します．0.1 がデフォルト値として表示されます．

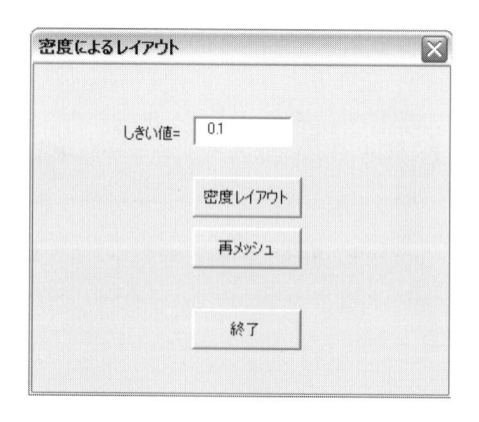

図 6.24　密度によるレイアウトを行うユーザーフォーム

まず，図 6.24 のしきい値を設定して(ここではデフォルト値 0.1 とします)，「**密度レイアウト**」ボタンをクリックします．これにより「layout」シートに，図 6.25 に示すレイアウト表が作成されます．次に，図 6.24 の「**再メッシュ**」ボタンをク

6.1 例題1 ラーメン構造の最適な形　115

リックします（図6.2の「**再メッシュ**」を選択しても同じことができます）．そうすると，図6.25のレイアウトにもとづく要素データが「data_new」シートに作成されます．図6.26は，図6.2の「**図の表示**」メニューで表示された要素分割を示します．

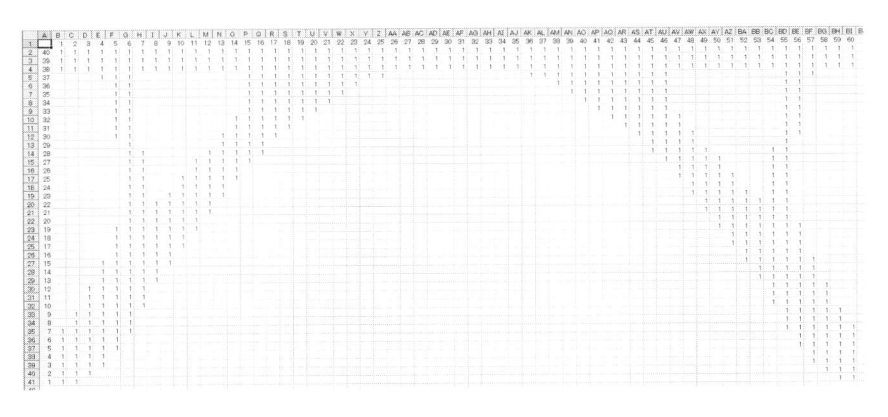

図6.25　要素密度に対して作成されたレイアウト表

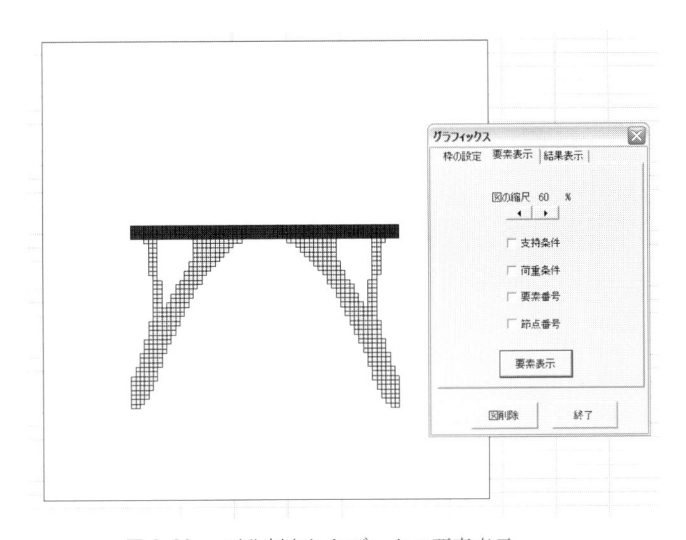

図6.26　再分割されたデータの要素表示

116　第6章　Isler_2D の利用方法

　次に，このデータに対する応力解析を行います．この場合，「data_new」シートで，図 6.2 のメニューの「**計算実行（F）**」を選択し，図 6.27 に示すように，「**プログラム**」のところで，"Isler_2D_Stress.exe" を選択します．このプログラムは，最適化計算を行わず，節点変位と要素中央の応力のみを求めるプログラムです．

　図 6.28 は，結果入力後，図の表示でフォンミーゼス応力を表示したものです．ここでは，白黒ですが，実際には青～赤で表示されます．

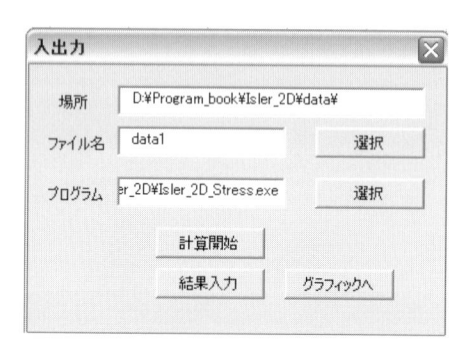

図 6.27　計算実行のためのユーザーフォーム

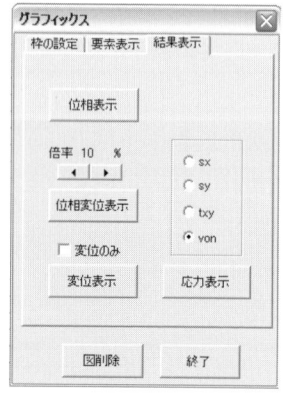

図 6.28　フォンミーゼス応力の表示

図 6.28 のユーザーフォームの「**応力表示**」ボタンでは，オプションの選択で，フォンミーゼス応力（von）の他に，σ_x（sx），σ_y（sy），τ_{xy}（txy）を表示できます．また，「**変位表示**」ボタンにより，変形（モード）を表示することができます．この場合，変形前のメッシュを表示したくない場合は，「**変位のみ**」のチェックボックスをオンにしておきます．

なお，図 6.23 の結果のように，レイアウトで開口部を設けている場合も，密度の高い要素のみを抽出してデータを作成できます．ただし，この場合は，「Sheet1」に，開口部の無い（レイアウト変更前の）データがあります．また，「layout」シートには，開口部を指定した図 6.20 に示すデータがあります．また，「data_new」シートには，図 6.20 のレイアウトにより再メッシュされたデータがあります．そして，「density」シートには，「data_new」のデータに対して最適化計算された要素密度が保存されています．

以上のシートのデータを用いて，図 6.23 の密度の高い要素を抽出するわけですが，まず，注意すべき点は，要素の抽出は，あくまで「Sheet1」のデータに対して行うという点です．「data_new」のシートでこれを行うとうまくいきません．

まず，「sheet1」を選択して，図 6.2 のメニューの「**密度レイアウト**」を選択します．ここでは，「**レイアウト**」を選択しないように注意してください．「**レイアウト**」を選択すると，図 6.20 のレイアウト表が図 6.19 のようになり，開口部がどこかわからなくなります．また，「**密度レイアウト**」を実行すると，図 6.20 のレイアウト表が書き換わるので，残しておきたい場合は，あらかじめ他のシートにコピーしておきます．

次に，しきい値を設定して，図 6.24 の「**密度レイアウト**」ボタンをクリックすると，「layout」シートに，図 6.23 の密度の高い要素のみのレイアウト表が作成されます．次に，図 6.24 の「**再メッシュ**」ボタンをクリックすると，「data_new」シートに，レイアウト表にもとづくデータが作成されます．

図 6.29 は，以上の要領で作成したデータで応力解析を行った結果（フォンミーゼス応力分布）を示しています．

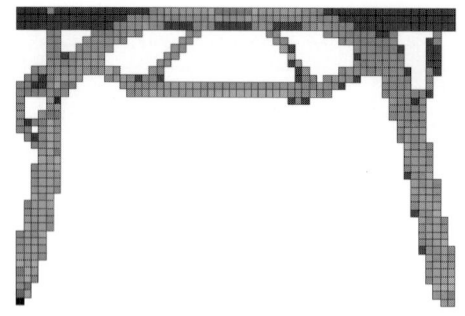

図 6.29　フォンミーゼス応力の表示

6.2　例題 2　ビルのファサードデザイン

6.2.1　1 階柱脚の位置を限定しない問題

　例題 1 で，ほぼ Isler_2D の基本機能は説明しましたので，以下の例題では，すでに作成されているデータファイルを用いるものとし，Isler_2D に関しては，例題 1 で用いなかった機能のみを説明します．

　例題 2 では，第 1 章にも示した，ビルの床のみが存在し，これを支える最適な構造の形を求める問題を取り上げます．この例題のデータは，Isler_2D の例題フォルダーに "例題 6-2-1.xls" という名前で保存してあります．

　図 6.30 は，設計領域と荷重条件・境界条件を示したものです．図に示すように各階の床（梁）部分は非設計対象とし，これらの非設計対象要素の上側節点に 1kN の鉛直荷重と 0.2kN の水平荷重が加わるものとします（ただし，梁（床）両端の節点では半分の荷重値とします）．

　図 6.31 は，データの一部を示しています．板厚は 10cm とし，床（梁）部分は鉄，それ以外は鉄筋コンクリートのヤング係数を用いています．また，最適化の再計算回数は 3 回に設定しています．図 6.32 は，得られた解を表示したものです．

　図 6.33 は，水平荷重を鉛直荷重の 0 倍，0.2 倍，0.4 倍，0.6 倍に変化させた場合の解析結果を示しています．

　なお，図 6.33 の水平荷重 0.2 倍以外のデータは，Isler_2D の例題フォルダーに，"例題 6-2-1A.xls" ～ "例題 6-2-1C.xls" という名前で保存してあります．

6.2 例題2 ビルのファサードデザイン　119

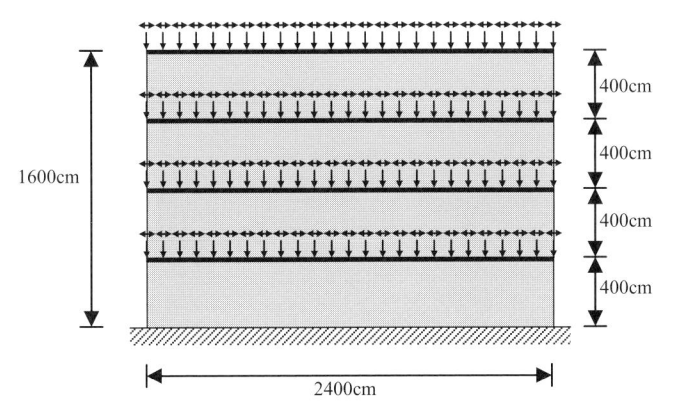

図 6.30　ビルを支える構造の形を求める問題

	A	B	C	D	E	F	G	H	I
1	入力データ				x,y分割(	60	40	)	
2									
3	節点数=	2501	材料数=		2	再計算数=	3	質量制約=	0.3
4	要素数=	2400	特性数=		2	双荷重=	1	Filter_wt=	1
5									
6	材料番号	E	ν						
7	1	2060	0.17						
8	2	20600	0.3						
9									
10	特性番号	t	設計対象						
11	1	10	1						
12	2	10	0						
13									
14	節点番号	x座標	y座標	x拘束	y拘束	x荷重	y荷重		
15	1	0	0	1	1	0	0		
16	2	40	0	1	1	0	0		
17	3	80	0	1	1	0	0		
18	4	120	0	1	1	0	0		
19	5	160	0	1	1	0	0		
20	6	200	0	1	1	0	0		
21	7	240	0	1	1	0	0		
22	8	280	0	1	1	0	0		
23	9	320	0	1	1	0	0		
24	10	360	0	1	1	0	0		

図 6.31　入力データの一部

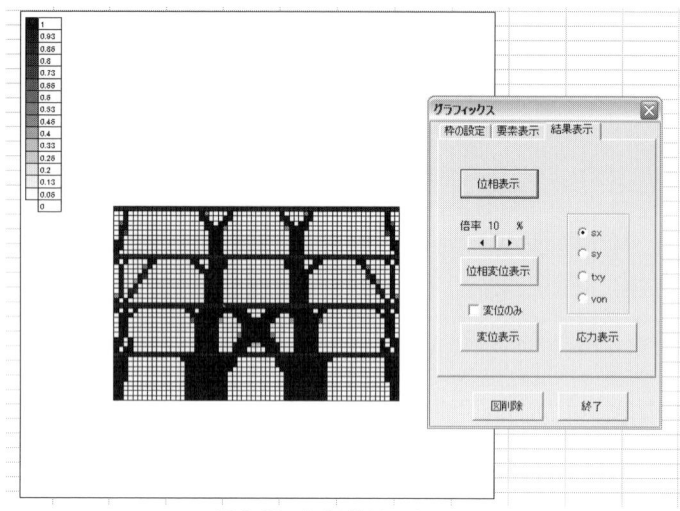

120　第 6 章　Isler_2D の利用方法

図 6.32　解析結果の表示

水平荷重 0 倍

水平荷重 0.2 倍

水平荷重 0.4 倍

水平荷重 0.6 倍

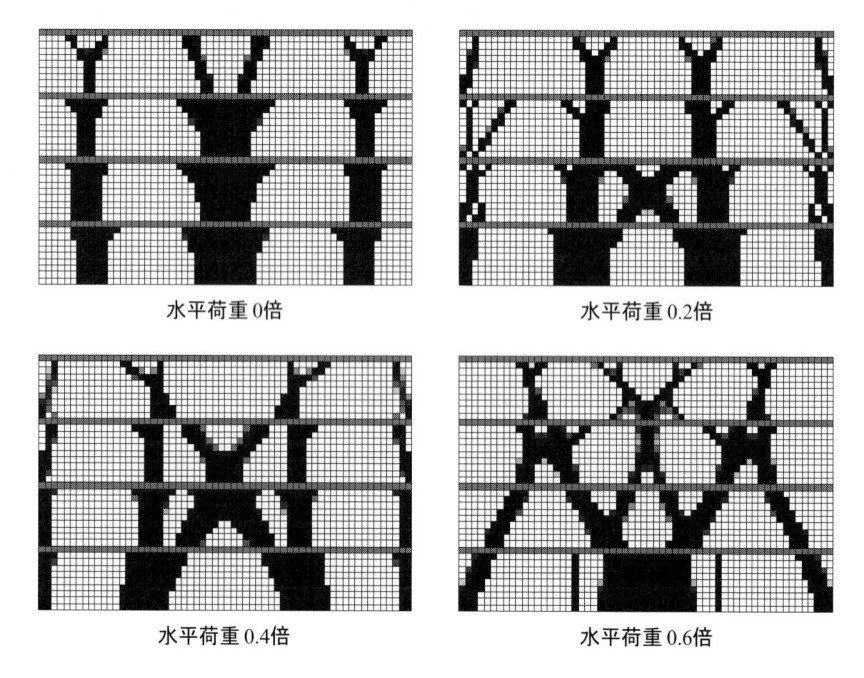

図 6.33　水平力を変化させた場合の解析結果

6.2.2　1階柱脚の位置を限定する問題

次に，図 6.30 の問題で，領域の下端（基礎部分）節点の拘束条件を変化させた場合の問題を解いてみます．この例題のデータは，Isler_2D の例題フォルダーに"例題 6-2-2A.xls"～"例題 6-2-2C.xls"という名前で保存してあります．

解析条件は，図 6.30 の問題と同じで，各階の水平荷重は鉛直荷重の 0.2 倍とします．図 6.34～6.36 は，解析結果を示しています．なお，各解析結果には，基礎部の支持点が△で示されています．

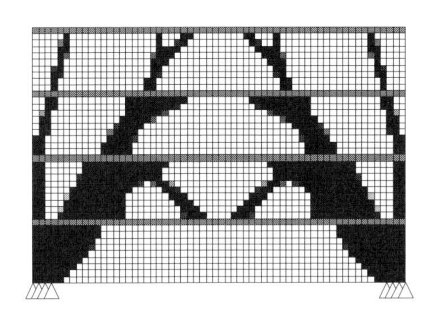

図 6.34　解析結果（両端支持）

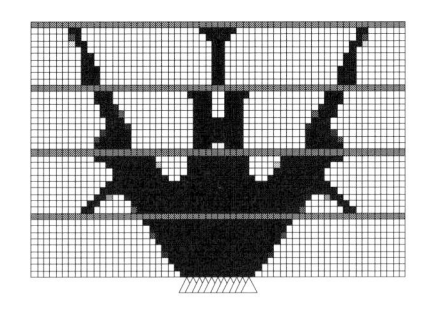

図 6.35　解析結果（中央支持）

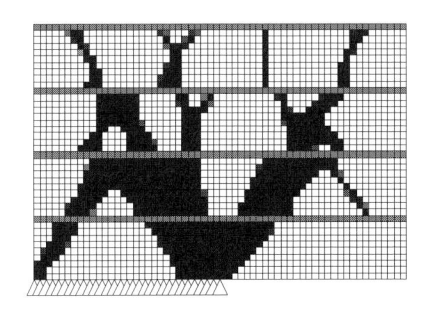

図 6.36　解析結果（片側支持）

以上のように，荷重条件や境界条件を変えることで，様々な形が得られることがわかります．

6.2.3 中層ビルの問題

次に，図 6.30 の問題で，階数を 8 階にした場合の問題を解いてみます．この例題のデータは，Isler_2D の例題フォルダーに "例題 6-2-3A.xls" 〜 "例題 6-2-3D.xls" という名前で保存してあります．

解析条件は，図 6.30 の問題と同じで，各階の水平荷重は鉛直荷重の 0.2 倍とします．図 6.37〜図 6.40 は，解析結果を示しています．なお，各解析結果には，基礎部の支持点が△で示されています．

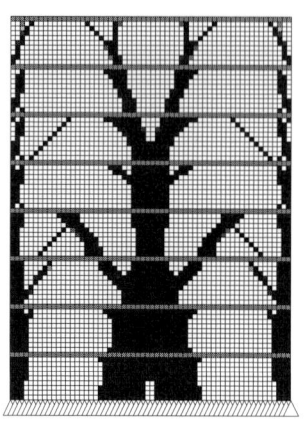

図 6.37 解析結果（全体支持）

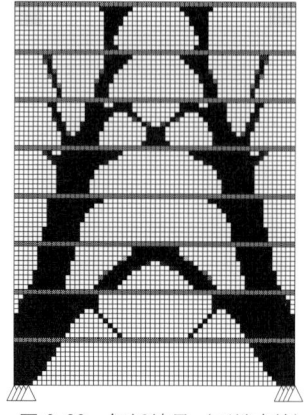

図 6.38 解析結果（両端支持）

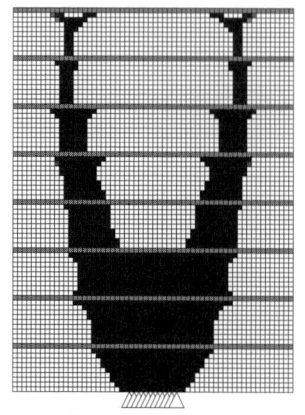

図 6.39 解析結果（中央支持）

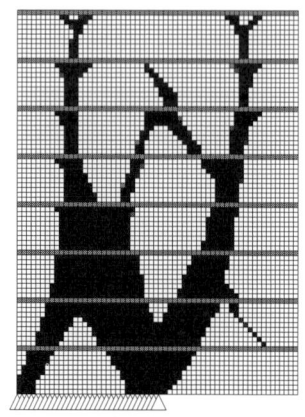

図 6.40 解析結果（片側支持）

6.3 例題3 MBB梁の最適な形

最後の例題として，Isler_2Dの解析精度を示すために，既往の文献によく引用されている 図6.41に示すMBB梁の解析例を示します．有限要素分割は，この領域で150×25としています．この問題のデータは，Isler_2Dの例題フォルダーの"例題6-3.xls"に保存されています．

この場合の要素分割に関するデータの入力は図6.42のようになります．

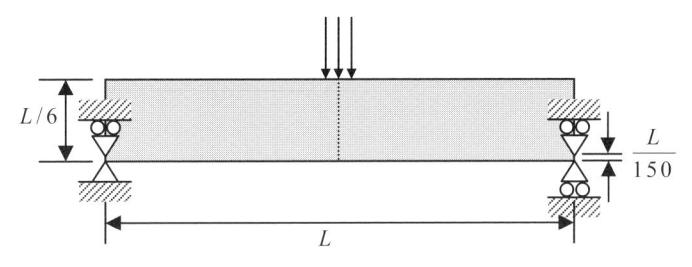

図6.41 MBB梁問題の設計領域

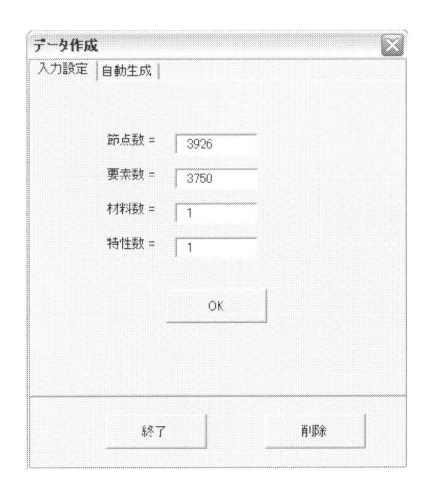

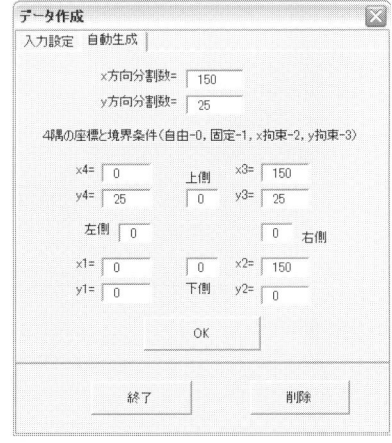

図6.42 有限要素分割に関するデータ入力

図 6.43 は，最適化の条件を示します．また，境界条件は，座標 (0, 0) の節点が x, y 拘束，座標 (0, 1), (150, 0), (150, 1) の節点が y 拘束としています．また，荷重条件は，座標 (74, 25), (75, 25), (76, 25) の 3 節点に −1 を入力しています．

図 6.44 は，以上の条件で解析して得られた結果を示しています．

	A	B	C	D	E	F	G	H	I
1	入力データ				x,y分割(	150	25	)	
2									
3	節点数=	3926	材料数=		1	再計算数=	1	質量制約=	0.5
4	要素数=	3750	特性数=		1	双荷重=	0	Filter_wt=	0.1
5									
6	材料番号	E		ν					
7	1	100		0.3					
8									
9	特性番号	t		設計対象					
10	1	1		1					
11									
12	節点番号	x座標	y座標	x拘束	y拘束	x荷重	y荷重		
13	1	0	0	1	1	0	0		
14	2	1	0	0	0	0	0		
15	3	2	0	0	0	0	0		
16	4	3	0	0	0	0	0		

図 6.43 入力データの一部

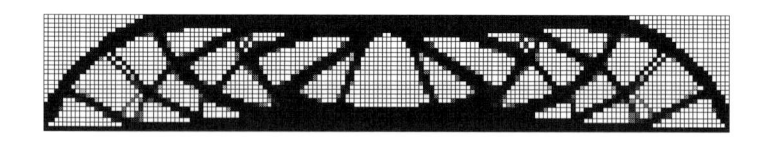

図 6.44 Isler_2D によって得られた MBB 梁の最適な形

補遺A　CONLIN法

　CONLIN法は,他の日本語の書籍ではあまり紹介されていないので,ここでは,Fleury の 1989 年の文献を参考にして，一般的な定式化を示しておきます．なお，本書付属のプログラムにおいても，この文献を参考にサブルーチンを作成しています．

A.1　最適化問題のテーラー展開

　まず，最適化問題を一般的に書くと，次のようになります．

$$
\begin{aligned}
&\min \quad c_0(\mathbf{x}) \\
&\text{subject to} \quad c_j(\mathbf{x}) \leq 0 \quad (j=1,\cdots,m) \\
&\qquad\qquad\quad \underline{x}_i \leq x_i \leq \overline{x}_i \quad (i=1,\cdots,n)
\end{aligned} \tag{A.1}
$$

ここに，$\mathbf{x}=\{x_1,\cdots,x_n\}$ は設計変数の集合，$c_0(\mathbf{x})$ は目的関数，$c_j(\mathbf{x})$ $(j \geq 1)$ は制約条件，$\underline{x}_i, \overline{x}_i$ は設計変数 x_i の下限値と上限値を表します．また，m は制約条件の数，n は設計変数の数を表します．ただし，ここでは，$\underline{x}_i \geq 0$ とします．

　CONLIN 法の特徴は，(A.1)式の目的関数および制約条件を次式のように設計変数 $\mathbf{x}^k$ 点に関してテーラー展開します．

$$
c_j(\mathbf{x}) \fallingdotseq c_j(\mathbf{x}^k) + \sum_{\frac{\partial c_j(\mathbf{x}^k)}{\partial x_i}>0} \frac{\partial c_j(\mathbf{x}^k)}{\partial x_i}(x_i - x_i^k) - \sum_{\frac{\partial c_j(\mathbf{x}^k)}{\partial x_i}<0} (x_i^k)^2 \frac{\partial c_j(\mathbf{x}^k)}{\partial x_i}\left(\frac{1}{x_i} - \frac{1}{x_i^k}\right) \tag{A.2}
$$

ここに，$j=0,1,\cdots,m$ であり，右辺第 2 項は x_i に関するテーラー展開の 1 次項，

補遺 A　CONLIN 法

第3項は$1/x_i$に関するテーラー展開の1次項です．すなわち，目的関数および制約条件の設計変数に関する微分値（感度係数）が正であれば，通常の設計変数の増分値でテーラー展開し，負であれば設計変数の逆数でテーラー展開します．

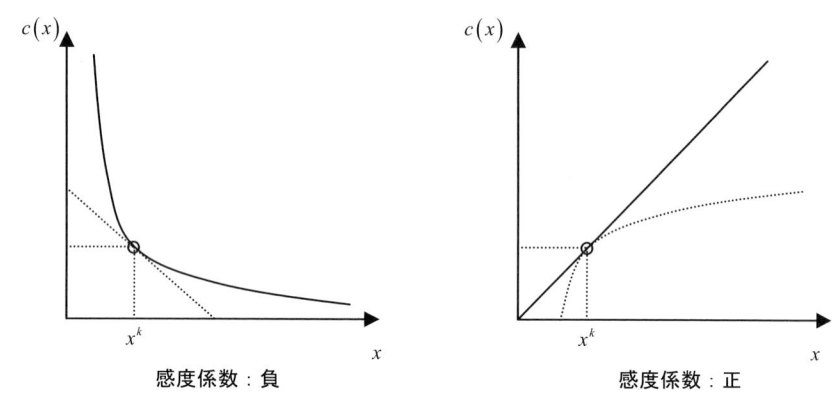

図 A.1　感度係数の正負によるテーラー展開

（左図）感度係数：負　　（右図）感度係数：正

Beckers (2000)の文献にしたがって，これを概念的に図に表すと，図 A.1 のようになります．図 A.1 の左側の図より，感度係数が負の場合は，設計変数そのものでテーラー展開した場合（図の破線）よりも，逆数でテーラー展開する方がより凸な関数となることがわかります．これに対して，右側の図（感度係数が正の場合）では，設計変数の逆数でテーラー展開すると，逆に凹関数となってしまうため(図の破線)，この場合は設計変数そのものでテーラー展開する必要があります．

この方法では，プログラムを汎用化するため，設計変数を次式を用いてスケーリングを行います．このようにしておけば，設計変数間のオーダーの違いによる数値計算誤差を防ぐことができます．

$$\tilde{x}_i = \frac{x_i}{x_i^k} \;\Rightarrow\; \frac{\partial c_j(\mathbf{x}^k)}{\partial x_i} = \frac{\partial c_j(\mathbf{x}^k)}{\partial \tilde{x}_i}\frac{1}{x_i^k} \tag{A.3}$$

(A.3)式の関係を(A.2)式に代入すると，

$$c_j(\mathbf{x}) \fallingdotseq c_j(\mathbf{x}^k) + \sum_{\frac{\partial c_j(\mathbf{x}^k)}{\partial \tilde{x}_i}>0} \frac{\partial c_j(\mathbf{x}^k)}{\partial \tilde{x}_i}(\tilde{x}_i - 1) - \sum_{\frac{\partial c_j(\mathbf{x}^k)}{\partial \tilde{x}_i}<0} \frac{\partial c_j(\mathbf{x}^k)}{\partial \tilde{x}_i}\left(\frac{1}{\tilde{x}_i} - 1\right) \tag{A.4}$$

(A.4)式を用いて(A.1)式を書き直すと，

$$
\begin{aligned}
&\min \quad \sum_{\frac{\partial c_0(\mathbf{x}^k)}{\partial \tilde{x}_i}>0} \frac{\partial c_0(\mathbf{x}^k)}{\partial \tilde{x}_i}\tilde{x}_i - \sum_{\frac{\partial c_0(\mathbf{x}^k)}{\partial \tilde{x}_i}<0} \frac{\partial c_0(\mathbf{x}^k)}{\partial \tilde{x}_i}\frac{1}{\tilde{x}_i} - \overline{c}_0 \\
&\text{subject to} \\
&\quad \sum_{\frac{\partial c_j(\mathbf{x}^k)}{\partial \tilde{x}_i}>0} \frac{\partial c_j(\mathbf{x}^k)}{\partial \tilde{x}_i}\tilde{x}_i - \sum_{\frac{\partial c_j(\mathbf{x}^k)}{\partial \tilde{x}_i}<0} \frac{\partial c_j(\mathbf{x}^k)}{\partial \tilde{x}_i}\frac{1}{\tilde{x}_i} \le \overline{c}_j \quad (j=1,\cdots,m) \\
&\quad \frac{\underline{x}_i}{x_i^k} \le \tilde{x}_i \le \frac{\overline{x}_i}{x_i^k} \quad (i=1,\cdots,n)
\end{aligned}
\tag{A.5}
$$

ただし，

$$
\overline{c}_j = \sum_i \left| \frac{\partial c_j(\mathbf{x}^k)}{\partial x_i} \right| x_i^k - c_j(\mathbf{x}^k) \quad (j=0,\cdots,m) \tag{A.6}
$$

次に，(A.5)式を解く方法について示します．なお，以下の式中の表記を簡単にするため，以下のような簡略記号を用います．なお，$\tilde{x}_i \to x_i$ として表しています．

$$
\begin{aligned}
&\min \quad \sum_{+} \frac{\partial c_0}{\partial x_i}x_i - \sum_{-} \frac{\partial c_0}{\partial x_i}\frac{1}{x_i} - \overline{c}_0 \\
&\text{subject to} \quad \sum_{+} \frac{\partial c_j}{\partial x_i}x_i - \sum_{-} \frac{\partial c_j}{\partial x_i}\frac{1}{x_i} - \overline{c}_j \le 0 \quad (j=1,\cdots,m) \\
&\quad \underline{x}_i \le x_i \le \overline{x}_i \quad (i=1,\cdots,n)
\end{aligned}
\tag{A.7}
$$

A.2 双対法の適用

(A.7)式は，設計変数に関して線形関数ではないため，シンプレックス法等の線形計画法で解くことはできません．そこで，Fleury らは，(A.7)式が凸関数であることを利用して，ラグランジェ双対法と呼ばれる方法で解いています．

この方法では，まず，次式のようなラグラジアン L を定義します．

$$
L(\mathbf{x},\mathbf{r}) = \sum_{j=0}^{m} r_j \left(\sum_{+} \frac{\partial c_j}{\partial x_i}x_i - \sum_{-} \frac{\partial c_j}{\partial x_i}\frac{1}{x_i} - \overline{c}_j \right) \tag{A.8}
$$

ただし，$r_0=1$ で，$r_j \, (j=1,\cdots,m)$ はラグランジェ乗数を表します．ただし，$r_j \ge 0 \,(j=1,\cdots,m)$ とします．そして，まず，(A.8)式の $\mathbf{r}(=\{r_1,r_2,\cdots,r_m\})$ を固定して

おいて，設計変数 **x** に関する最小解を求めます．ただし，この最小解では，ラグランジェ乗数が未定であるため，ラグランジェ乗数の関数として表され，次のように書けます．

$$l(\mathbf{r}) = \min_{\underline{x}_i \leq x_i \leq \overline{x}_i} L(\mathbf{x},\mathbf{r}) \tag{A.9}$$

ところで，(A.8)式のラグランジェ乗数の掛けられる項（制約条件）は，(A.7)式より 0 以下になることがわかります．したがって，制約条件が制約値と一致すれば，$l(\mathbf{r})=0$ となり，また，一致しない場合は，ラグランジェ乗数が 0 となる場合が(A.8)式の最小解を与えます．したがって，(A.8)式の **x** と **r** に関する最小解は，次式から得られることになります．

$$\begin{array}{l}\max \quad l(\mathbf{r}) \\ \text{subject to} \quad r_j \geq 0 \quad (j=0,\cdots,m)\end{array} \tag{A.10}$$

すなわち，ラグランジェ双対法では，(A.8)式の最小化問題を(A.9)式と(A.10)式に分けて解く方法であると言えます．

なぜ，これを二つの問題に分けるかと言うと，(A.9)式は，実は容易に解くことができるからです．(A.9)式の解を求めるには，(A.8)式の L を x_i $(i=1,\cdots,n)$ に関して微分して 0 になる解を求めればよいわけです．すなわち，

$$\begin{aligned}\frac{\partial L(\mathbf{x},\mathbf{r})}{\partial x_i} &= \sum_{j=0}^{m} r_j \left(\left(\frac{\partial c_j}{\partial x_i}\right)_+ + \left(\frac{\partial c_j}{\partial x_i}\right)_- \frac{1}{x_i^2}\right) = 0 \\ \Rightarrow \quad & \sum_{j=0}^{m} r_j \left(\frac{\partial c_j}{\partial x_i}\right)_+ + \sum_{j=0}^{m} r_j \left(\frac{\partial c_j}{\partial x_i}\right)_- \frac{1}{x_i^2} = 0\end{aligned} \tag{A.11}$$

ただし，(A.11)式の括弧の右下添字の $+,-$ は，x_i に関する微分が正または負のみが採用されることを示しています．したがって，$\underline{x}_i \leq x_i \leq \overline{x}_i$ $(i=1,\cdots,n)$ の制約条件を考慮すると，(A.9)式の解は次のように表されます．

$$x_i(\mathbf{r}) = \left(\frac{b_i}{a_i}\right)^{\frac{1}{2}} \qquad \text{if} \quad \underline{x}_i^2 \leq \frac{b_i}{a_i} \leq \overline{x}_i^2 \tag{A.12}$$

$$x_i(\mathbf{r}) = \underline{x}_i \qquad \text{if} \quad \frac{b_i}{a_i} \leq \underline{x}_i^2 \tag{A.13}$$

$$x_i(\mathbf{r}) = \overline{x}_i \qquad \text{if} \quad \overline{x}_i^2 \le \frac{b_i}{a_i} \tag{A.14}$$

ここに，

$$a_i = \sum_{j=0}^{m} r_j \left(\frac{\partial c_j}{\partial x_i}\right)_+ \ge 0, \qquad b_i = -\sum_{j=0}^{m} r_j \left(\frac{\partial c_j}{\partial x_i}\right)_- \ge 0 \tag{A.15}$$

ただし，$a_i = 0$ の場合は，$b_i > 0$ ならば $x_i = \overline{x}_i$，$b_i = 0$ ならば $x_i = \underline{x}_i$ とします．

(A.12)～(A.14)式によって，(A.9)式の $l(\mathbf{r})$ は次式のように表されます．

$$l(\mathbf{r}) = \sum_{j=0}^{m} r_j \left(\sum_+ \frac{\partial c_j}{\partial x_i} x_i(\mathbf{r}) - \sum_- \frac{\partial c_j}{\partial x_i} \frac{1}{x_i(\mathbf{r})} - \overline{c}_j \right) \tag{A.16}$$

したがって，後は(A.10)式を解けばよいわけです．

A.3　逐次2次計画法による解法

CONLIN 法では，(A.10)式は逐次 2 次計画法で解かれます．逐次 2 次計画法では，設計変数に関する 1 階微分と 2 階微分が必要となりますが，まず，(A.16)式の $l(\mathbf{r})$ の r_j に関する 1 階微分は次式となります．

$$g_j = \frac{dl(\mathbf{r})}{dr_j} = \sum_+ \frac{\partial c_j}{\partial x_i} x_i - \sum_- \frac{\partial c_j}{\partial x_i} \frac{1}{x_i} - \overline{c}_j \tag{A.17}$$

ただし，$j \ge 1$ です．また，2 階微分は次式となります．

$$H_{jk} = \frac{d^2 l(\mathbf{r})}{dr_j dr_k} = \frac{dg_j}{dr_k} = \sum_+ \frac{\partial c_j}{\partial x_i} \frac{dx_i}{dr_k} + \sum_- \frac{\partial c_j}{\partial x_i} \frac{1}{x_i^2} \frac{dx_i}{dr_k} \tag{A.18}$$

ただし，$k \ge 1$ です．ここで，(A.12)～(A.14)式により，

$$\frac{dx_i}{dr_k} = \frac{1}{2} \left(\frac{b_i}{a_i}\right)^{-\frac{1}{2}} \left(\frac{a_i \frac{db_i}{dr_k} - b_i \frac{da_i}{dr_k}}{a_i^2} \right) = \frac{\frac{db_i}{dr_k} - x_i^2 \frac{da_i}{dr_k}}{2x_i a_i} \qquad \text{if} \quad \underline{x}_i^2 < \frac{b_i}{a_i} < \overline{x}_i^2 \tag{A.19}$$

$$\frac{dx_i}{dr_k} = 0 \qquad \text{if} \quad \frac{b_i}{a_i} \le \underline{x}_i^2 \tag{A.20}$$

$$\frac{dx_i}{dr_k} = 0 \qquad \text{if} \quad \overline{x}_i^2 \le \frac{b_i}{a_i} \tag{A.21}$$

また，(A.15)式より，

補遺 A CONLIN 法

$$\frac{da_i}{dr_k} = \left(\frac{\partial c_k}{\partial x_i}\right)_+, \qquad \frac{db_i}{dr_k} = -\left(\frac{\partial c_k}{\partial x_i}\right)_- \tag{A.22}$$

したがって，(A.19)式は，

$$\frac{dx_i}{dr_k} = -\frac{x_i}{2a_i}\frac{\partial c_k}{\partial x_i} \qquad \text{if } \frac{\partial c_k}{\partial x_i} > 0 \tag{A.23}$$

$$\frac{dx_i}{dr_k} = -\frac{1}{2x_i a_i}\frac{\partial c_k}{\partial x_i} \qquad \text{if } \frac{\partial c_k}{\partial x_i} < 0 \tag{A.24}$$

(A.23), (A.24)式を(A.18)式に代入すると，最終的に次式が得られます．

$$H_{jk} = -\frac{1}{2}\left(\sum_+ \frac{\partial c_j}{\partial x_i}\frac{\partial c_k}{\partial x_i}\frac{x_i}{a_i} + \sum_- \frac{\partial c_j}{\partial x_i}\frac{\partial c_k}{\partial x_i}\frac{1}{x_i a_i}\right) \quad \text{if } \frac{\partial c_k}{\partial x_i} > 0, \; \underline{x_i} \leq x_i \leq \overline{x_i} \tag{A.25}$$

$$H_{jk} = -\frac{1}{2}\left(\sum_+ \frac{\partial c_j}{\partial x_i}\frac{\partial c_k}{\partial x_i}\frac{1}{x_i a_i} + \sum_- \frac{\partial c_j}{\partial x_i}\frac{\partial c_k}{\partial x_i}\frac{1}{x_i^3 a_i}\right) \quad \text{if } \frac{\partial c_k}{\partial x_i} < 0, \; \underline{x_i} \leq x_i \leq \overline{x_i} \tag{A.26}$$

以上で，$l(\mathbf{r})$ の 2 階微分まで解析的に求められましたので，(A.10)式を逐次 2 次計画法で解くことを考えます．まず，(A.10)式において，設計変数 r_j の更新式を次式のように置きます．

$$r_j^{k+1} = r_j^k + \Delta r_j \qquad (j=1,\cdots,m) \tag{A.27}$$

ただし，Δr_j は，k ステップの r_j^k からの増分値を表します．

(A.10)式の $l(\mathbf{r})$ を r_j^k に関してテーラー展開し 2 次項まで採用すると，

$$l(\mathbf{r}^{k+1}) = l(\mathbf{r}^k) + \sum_{j=1}^m g_j \Delta r_j + \frac{1}{2}\sum_{j=1}^m \sum_{k=1}^m H_{jk} \Delta r_j \Delta r_k \tag{A.28}$$

(A.28)式をベクトルとマトリックスで表すと次式のようになります．

$$l(\mathbf{r}^{k+1}) = l(\mathbf{r}^k) + \Delta \mathbf{r}^T \mathbf{g} + \frac{1}{2}\Delta \mathbf{r}^T \mathbf{H} \Delta \mathbf{r} \tag{A.29}$$

したがって，(A.29)式は次式の問題を逐次解くことになります．

$$\begin{aligned}\max \quad & q(\Delta \mathbf{r}) = \Delta \mathbf{r}^T \mathbf{g} + \frac{1}{2}\Delta \mathbf{r}^T \mathbf{H} \Delta \mathbf{r} \\ \text{subject to} \quad & r_j^k + \Delta r_j \geq 0 \qquad (j=1,\cdots,m)\end{aligned} \tag{A.30}$$

(A.25), (A.26)式より，H_{ij} は常に負になるため，(A.30)式の極大値では次式が満足されます．

$$\frac{dq(\Delta \mathbf{r})}{d\Delta \mathbf{r}} = \mathbf{g} + \mathbf{H}\Delta \mathbf{r} = 0 \tag{A.31}$$

したがって，次式の連立方程式を解くことによって $\Delta \mathbf{r}$ が求められます．

$$\mathbf{H}\Delta \mathbf{r} = -\mathbf{g} \tag{A.32}$$

(A.32)式の $\mathbf{H}$ マトリックスは，制約条件数の自由度を持つマトリックスで，容易に解けそうですが，実は，$\mathbf{H}$ マトリックスはしばしば特異行列となるため，(A.32)式の演算で頻繁に計算がストップしてしまいます．そこで，Fleury らは，(A.32)式の解法として，共役勾配法等の反復解法を用いています．なお，本書付属のプログラムでは，『計算力学ハンドブック（I 有限要素法構造編）』（日本機械学会）を参考に作成した共役勾配法のプログラムを用いています．

後は，SLP 法と同様に，$\Delta \mathbf{r}$ のすべての成分が十分小さくなるまで繰り返し計算を行えばよいわけです．具体的には，(A.32)式から得られた $\Delta \mathbf{r}$ より，次ステップの $\mathbf{r}^{k+1}(=\mathbf{r}^k + \Delta \mathbf{r})$ を求め，(A.12)～(A.14)式により(A.16)式の $l(\mathbf{r})$ を更新します．そして，また(A.32)式により $\Delta \mathbf{r}$ を求めるという計算を繰り返します．また，収束条件に関しては，(A.10)式の最適解は次式を満足することから，本書付属のプログラムでは，これを収束判定に用いています．

$$\begin{aligned} g_j &= 0 \quad \text{if} \quad r_j > 0 \\ g_j &< 0 \quad \text{if} \quad r_j = 0 \end{aligned} \tag{A.33}$$

以上のようにして，(A.7)式の解が得られます．なお，(A.7)式の解は，テーラー展開した後の前ステップからの更新解を求めるものですから，当然，(A.7)式自身も更新解が収束するまで繰り返し計算する必要があります．したがって，CONLIN 法のサブルーチン内の計算は，SLP 法のシンプレックス法（線形計画法）の計算に相当します．

A.4　制約条件の緩和法

なお，CONLIN 法では，制約条件によって許容解が見つからない場合に対処するため，制約条件の緩和法が用いられています．

この方法では，(A.7)式を次のように書き換えます．

補遺 A　CONLIN 法

$$\begin{aligned}
&\min \quad \sum_{+} \frac{\partial c_0}{\partial x_i} x_i - \sum_{-} \frac{\partial c_0}{\partial x_i} \frac{1}{x_i} - \overline{c}_0 + z_0 w \delta \\
&\text{subject to} \\
&\sum_{+} \frac{\partial c_j}{\partial x_i} x_i - \sum_{-} \frac{\partial c_j}{\partial x_i} \frac{1}{x_i} \leq \overline{c}_j + z_j \left(1 - \frac{1}{\delta}\right) \quad (j = 1, \cdots, m) \\
&\underline{x}_i \leq x_i \leq \overline{x}_i \quad (i = 1, \cdots, n), \quad 1 \leq \delta
\end{aligned} \qquad \text{(A.34)}$$

ここに，w はユーザーによって与えられる重みで，必要に応じて $1 \sim 10$ 程度の値として与えます．また，

$$z_j = \sum_i \left| \frac{\partial c_j(\mathbf{x}^k)}{\partial x_i} \right| x_i^k \quad (j = 0, \cdots, m) \qquad \text{(A.35)}$$

です．ただし，(A.35)式の x_i は，(A.6)式と同様にスケーリングをかける前の変数です．

(A.34)式から，(A.8)式と同様のラグラジアンを定義し，最小化した式から δ に関係する項を抜き出すと次式となります．

$$\min_{\delta \geq 1} \quad z_0 w \delta - (1 - 1/\delta) \sum_{j=1}^{m} r_j z_j \qquad \text{(A.36)}$$

上式の解は次式のようになります．

$$\begin{aligned}
\delta &= \left(\sum_{j=1}^{m} r_j z_j \Big/ w z_0 \right)^{1/2} && \text{if} \quad \sum_{j=1}^{m} r_j z_j > w z_0 \\
\delta &= 1 && \text{if} \quad \sum_{j=1}^{m} r_j z_j < w z_0
\end{aligned} \qquad \text{(A.37)}$$

また，(A.17)式の g_j は，

$$g_j = \sum_{+} \frac{\partial c_j}{\partial x_i} x_i - \sum_{-} \frac{\partial c_j}{\partial x_i} \frac{1}{x_i} - \overline{c}_j - z_j \left(1 - \frac{1}{\delta}\right) \qquad \text{(A.38)}$$

となり，また，(A.18)式より H_{jk} は次式から計算されます．

$$H_{jk} = \frac{dg_j}{dr_k} = \sum_{+} \frac{\partial c_j}{\partial x_i} \frac{dx_i}{dr_k} + \sum_{-} \frac{\partial c_j}{\partial x_i} \frac{1}{x_i^2} \frac{dx_i}{dr_k} - \frac{z_j}{\delta^2} \frac{d\delta}{dr_k} \qquad \text{(A.39)}$$

ここで，

$$\frac{d\delta}{dr_k} = \frac{1}{2\delta}\frac{z_k}{wz_0} \quad \text{if} \quad \sum_{j=1}^{m} r_j z_j > wz_0$$
$$\frac{d\delta}{dr_k} = 0 \quad \text{if} \quad \sum_{j=1}^{m} r_j z_j < wz_0 \tag{A.40}$$

よって，H_{jk} の δ に関する寄与項は次式から計算されます．

$$-\frac{1}{2}\frac{z_j z_k}{wz_0 \delta^3} \quad \text{if} \quad \sum_{j=1}^{m} r_j z_j > wz_0$$
$$0 \quad \text{if} \quad \sum_{j=1}^{m} r_j z_j < wz_0 \tag{A.41}$$

したがって，(A.25), (A.26)式に上式を加えれば，制約条件を緩和した場合のヘッセ行列が求められます．

補遺B プログラムの解説

ここでは，本書付属のプログラム Otto_2D, Isler_2D について概説します．ただし，Isler_2D については，Otto_2D との共通部分が多いため，異なる部分のみを説明します．なお，ソースプログラムの方にも，日本語のコメントが付けられていますので，ここでは，プログラムの全体の構成がわかる程度の説明にとどめます．

B.1　Excel VBA によるプリ・ポストプログラム

Otto_2D.xls および Isler_2D.xls には，Excel VBA によるマクロプログラムが作成されています．

まず，Otto_2D.xls をマクロを有効にして開いてください．次に，メニューバーの「**ツール**」－「**マクロ**」－「**Visual Basic Editor**」を選択してください．そうすると，図 B.1 に示す画面が表示されます．ここで，UserForm1～UserForm4 と，標準モジュールの Command, FEM, Graphics, Result, Solver, Variables が，作成されたプログラムです．また，ThisWorkbook にも，アドインメニューに関するプログラムが書かれています．

これらのプログラムに関しては，『Excel で解く構造力学』（丸善）に詳しい作成法を説明していますので参照してください．ただし，UserForm3 と Result は，Fortran 実行ファイルとのデータの受け渡しや Excel からの exe ファイルの実行に関するもので，『Excel で解く構造力学』では用いていません．

なお，UserForm3 のファイルの受け渡しなどは，主に Excel のマクロ記録機能を用いてコマンドを取得しています．また，Fortran プログラムの exe ファイルの

実行には，Visual Basic の shell コマンドを用いています．詳しくは，UserForm3 の「**計算実行**」ボタンに書かれているプログラムを参照してください．

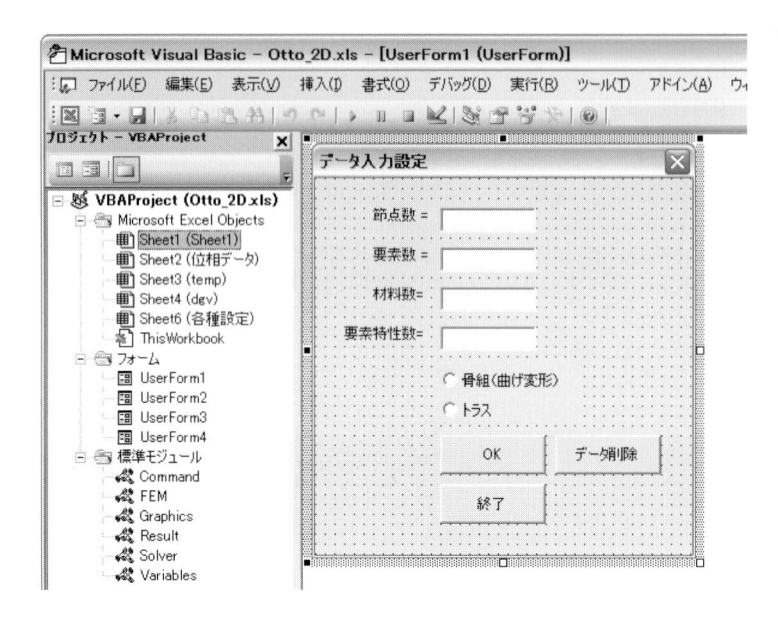

図 B.1　Otto_2D のマクロプログラム

次に，それぞれのユーザーフォーム，標準モジュールにどういう内容が含まれているかを簡単に示します．

ユーザーフォーム：

- UserForm1
  通常の骨組データの入力シートを作成するもの
- UserForm2
  骨組図や結果を表示するもの（図 5.10，図 5.18）
- UserForm3
  Fortran 実行ファイルへのデータの受け渡し・計算実行を行うもの（図 5.12）
- UserForm4
  グランドストラクチャの生成を行うもの（図 5.3）

標準モジュール

- Command
  アドインメニュー（ThisWorkbook 参照）を実行するためのコマンド
- Graphics
  UserForm2 の図の表示に関するサブルーチン
- FEM
  ２次元骨組解析プログラム（『Excel で解く構造力学』のものとほぼ同じ）
- Result
  Fortran 解析プログラムの解析結果を Excel シートに表示するためのサブルーチン
- Solver
  骨組解析プログラムの連立方程式の計算サブルーチン（スカイライン法）
- Variables
  全サブルーチンの共通変数の定義（図 B.2 参照）

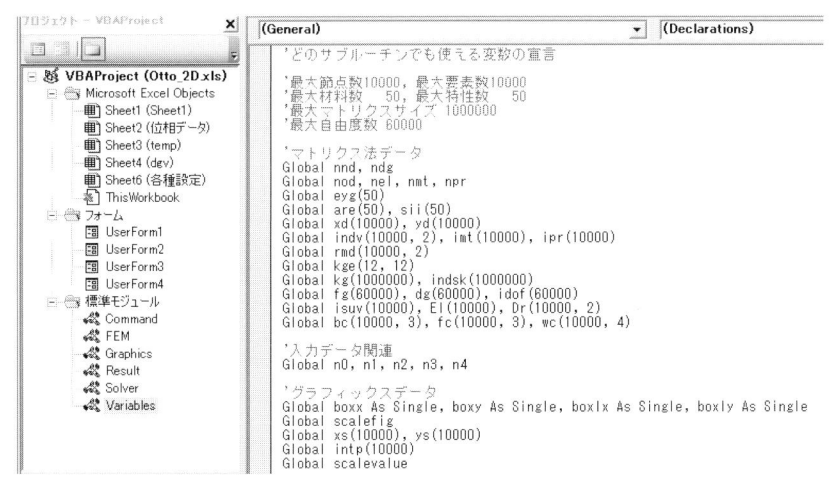

図 B.2　共通変数の定義

なお，節点数，要素数の上限は，図 B.2 に示す Variables の内容を変えることで変更できます．また，Excel のアドインメニューの内容は，ThisWorkbook にプログラムされています（図 B.3 参照）．

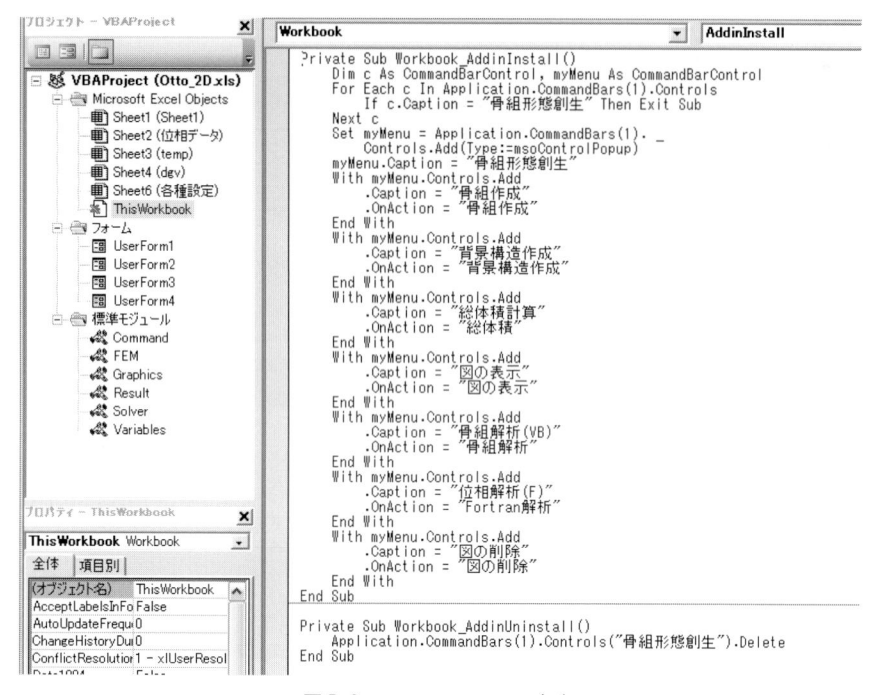

138   補遺 B　プログラムの解説

```
プロジェクト - VBAProject                        Workbook                                           ▼    AddinInstall
□ 🐝 VBAProject (Otto_2D.xls)                    Private Sub Workbook_AddinInstall()
  □ 📁 Microsoft Excel Objects                       Dim c As CommandBarControl, myMenu As CommandBarControl
     ▦ Sheet1 (Sheet1)                               For Each c In Application.CommandBars(1).Controls
     ▦ Sheet2 (位相データ)                                If c.Caption = "骨組形態創生" Then Exit Sub
     ▦ Sheet3 (temp)                                 Next c
     ▦ Sheet4 (dev)                                  Set myMenu = Application.CommandBars(1). _
     ▦ Sheet6 (各種設定)                                   Controls.Add(Type:=msoControlPopup)
     📄 ThisWorkbook                                 myMenu.Caption = "骨組形態創生"
  □ 📁 フォーム                                         With myMenu.Controls.Add
     📄 UserForm1                                        .Caption = "骨組作成"
     📄 UserForm2                                        .OnAction = "骨組作成"
     📄 UserForm3                                     End With
     📄 UserForm4                                     With myMenu.Controls.Add
  □ 📁 標準モジュール                                        .Caption = "背景構造作成"
     ✦ Command                                          .OnAction = "背景構造作成"
     ✦ FEM                                           End With
     ✦ Graphics                                      With myMenu.Controls.Add
     ✦ Result                                           .Caption = "総体積計算"
     ✦ Solver                                           .OnAction = "総体積"
     ✦ Variables                                     End With
                                                     With myMenu.Controls.Add
                                                        .Caption = "図の表示"
                                                        .OnAction = "図の表示"
プロパティ - ThisWorkbook                             End With
ThisWorkbook Workbook                       ▼       With myMenu.Controls.Add
全体 │ 項目別 │                                          .Caption = "骨組解析(VB)"
(オブジェクト名)       ThisWorkbook                     .OnAction = "骨組解析"
AcceptLabelsInFo  False                             End With
AutoUpdateFrequ  0                                  With myMenu.Controls.Add
ChangeHistoryDui  0                                    .Caption = "位相解析(F)"
ConflictResolution 1 - xlUserResol                     .OnAction = "Fortran解析"
                                                    End With
                                                    With myMenu.Controls.Add
                                                       .Caption = "図の削除"
                                                       .OnAction = "図の削除"
                                                    End With
                                                End Sub

                                                Private Sub Workbook_AddinUninstall()
                                                    Application.CommandBars(1).Controls("骨組形態創生").Delete
                                                End Sub
```

図 B.3　ThisWorkbook の内容

　次に，図 B.4 は，Isler_2D.xls のマクロプログラムの内容を示します．Isler_2D についても，内容は，Otto_2D とほぼ同様です．以下，それぞれのユーザーフォーム，標準モジュールにどういう内容が含まれているかを簡単に示します．

ユーザーフォーム：
- UserForm1
  データ入力シートを作成するもの（図 6.3）
- UserForm2
  有限要素図や結果を表示するもの（図 6.8，図 6.12）
- UserForm3
  Fortran 実行ファイルへのデータの受け渡し・計算実行を行うもの（図 6.10）
- UserForm4
  密度の高い要素を抽出して新たなデータを作成するもの（図 6.24）

標準モジュール

- Command
  アドインメニュー（ThisWorkbook 参照）を実行するためのコマンド
- Division
  設計領域に任意の穴を空けるためのレイアウトの作成，およびそのレイアウトにもとづく新たなデータ作成（再メッシュ）を行うサブルーチン
- Graphics
  UserForm2 の図の表示に関するサブルーチン
- Variables
  全サブルーチンの共通変数の定義（図 B.5 参照）

なお，節点数，要素数の上限は，図 B.5 に示す Variables の内容を変えることで変更できます．

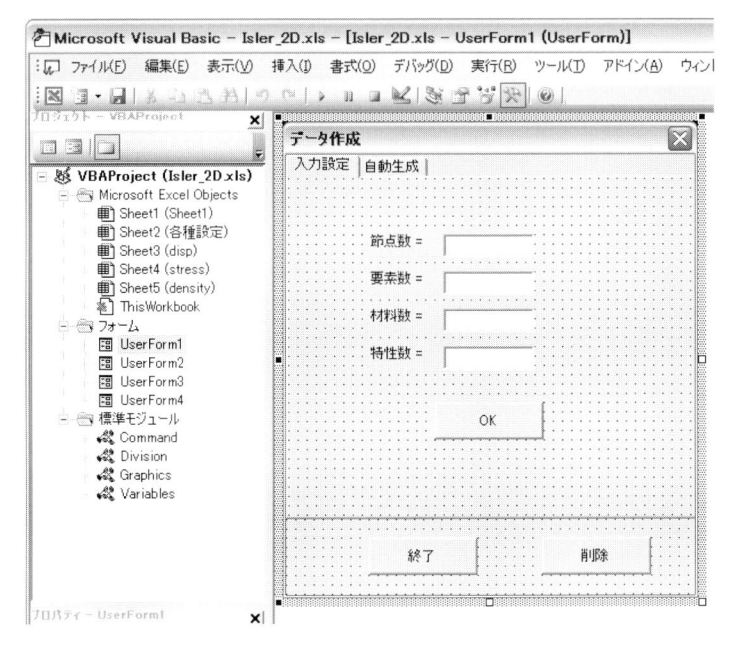

図 B. 4　Isler_2D のマクロプログラム

140   補遺 B　プログラムの解説

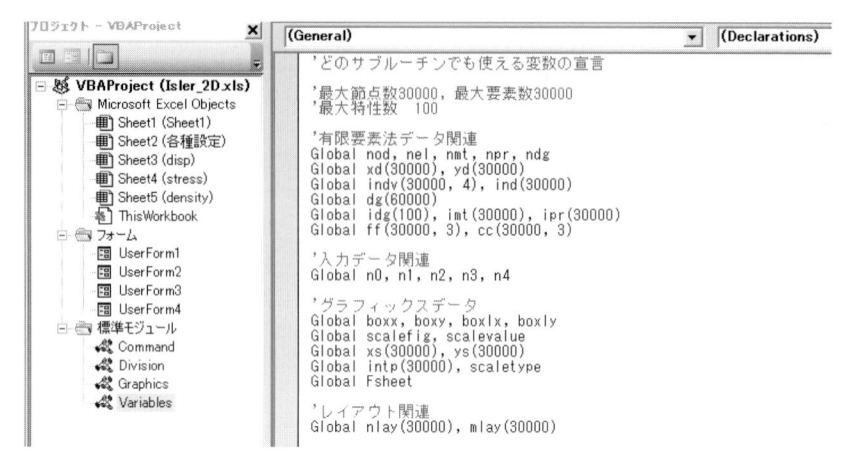

```
プロジェクト - VBAProject               (General)                    (Declarations)

 ⊟ ⅋ VBAProject (Isler_2D.xls)      'どのサブルーチンでも使える変数の宣言
   ⊟   Microsoft Excel Objects       '最大節点数30000，最大要素数30000
         Sheet1 (Sheet1)             '最大特性数　100
         Sheet2 (各種設定)
         Sheet3 (disp)               '有限要素法データ関連
         Sheet4 (stress)             Global nod, nel, nmt, npr, ndg
         Sheet5 (density)            Global xd(30000), yd(30000)
         ThisWorkbook                Global indv(30000, 4), ind(30000)
   ⊟   フォーム                       Global dg(60000)
         UserForm1                   Global idg(100), imt(30000), ipr(30000)
         UserForm2                   Global ff(30000, 3), cc(30000, 3)
         UserForm3
         UserForm4                   '入力データ関連
   ⊟   標準モジュール                  Global n0, n1, n2, n3, n4
         Command
         Division                    'グラフィックスデータ
         Graphics                    Global boxx, boxy, boxlx, boxly
         Variables                   Global scalefig, scalevalue
                                     Global xs(30000), ys(30000)
                                     Global intp(30000), scaletype
                                     Global Fsheet

                                     'レイアウト関連
                                     Global nlay(30000), mlay(30000)
```

図 B.5　共通変数の定義

B.2　Fortran による解析プログラム

Otto_2D および Isler_2D フォルダには，Fortran による解析プログラムが収められています．Otto_2D フォルダには，以下の2つの解析プログラムがフォルダに納めされています．

- Otto_2D_SLP　　‥‥　SLP 法によるグランドストラクチャ法プログラム
- Otto_2D_CON　　‥‥　CONLIN 法によるグランドストラクチャ法プログラム

この2つの解析プログラムは最適化の手法が異なるだけです．

また，Isler_2D フォルダには，以下の2つの解析プログラムがフォルダに納めされています．

- Isler_2D　　　　‥‥　CONLIN 法による密度法プログラム
- Isler_2D_Stress　‥‥　平板面内変形に対する応力解析プログラム
　　　　　　　　　　　（Isler_2D の有限要素解析部分）

図 B.6 は，Otto_2D_SLP フォルダのプログラム（Otto_2D_SLP.dsw）を Compaq Visual Fortran のエディターで表示したものです．

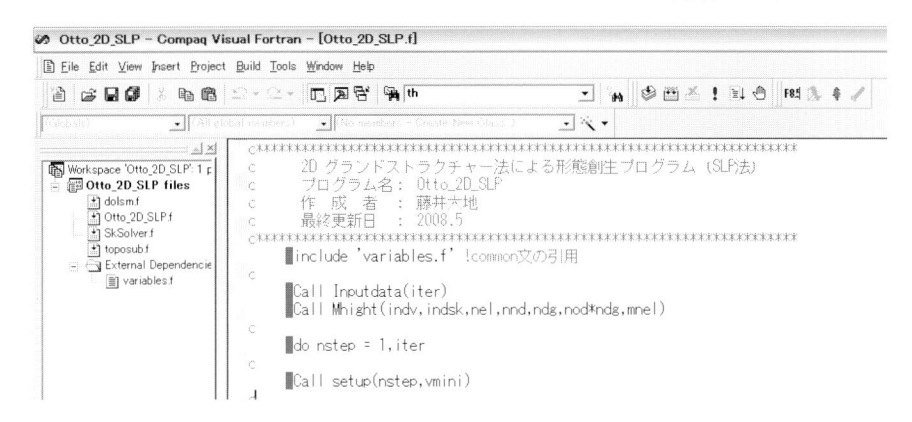

図 B.6　Otto_2D_SLP の構成

　図に示すように，このプログラムは，以下の4つのプログラムから構成されています．

- dolsm.f
  シンプレックス法のサブルーチン（線形計画問題の解法）
- Otto_2D_SLP.f
  メインルーチンと2次元骨組解析に関するサブルーチン
- SkSolver.f
  スカイライン法による連立方程式の解法サブルーチン
- toposub.f
  最適化計算に関連するサブルーチン

　また，variables.f には，全サブルーチンの共通変数が定義されています（図 B.7）．ここには，変数についての説明が書かれていますので，プログラムを読む時の参考にしてください．また，節点数，要素数の上限を変更する場合は，ここの mnel, mnod 等の数値を変更してください．

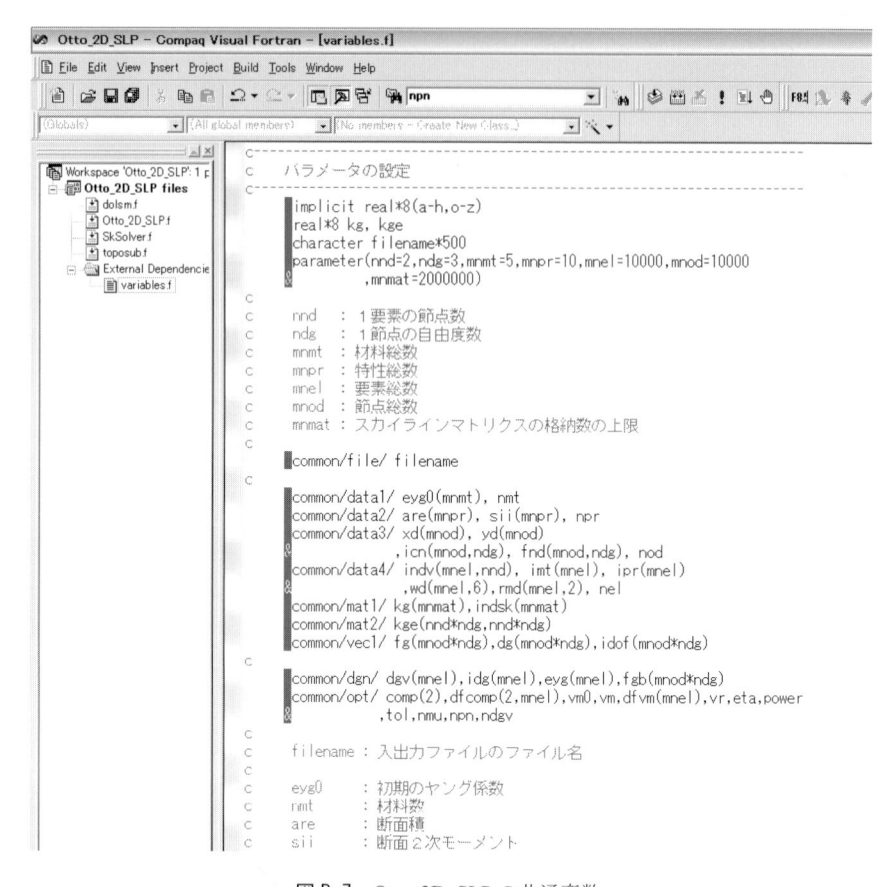

図 B.7 Otto_2D_SLP の共通変数

　Otto_2D_CON についても，内容は，ほとんど Otto_2D_SLP と同じです．ただし，Otto_2D_CON では，dolsm.f の代わりに，Conlin.f があり，ここに，CONLIN 法のサブルーチンがあります．また，設計変数が要素密度の逆数になっていることにも注意してください．

　次に，図 B.8 は，Isler_2D フォルダのプログラム (Isler_2D.dsw) を Compaq Visual Fortran のエディターで表示したものです．図に示すように，このプログラムは，以下の4つのプログラムから構成されています．

- Conlin.f
  CONLIN 法のサブルーチン（Otto_2D_CON のものと同じ）
- filtering.f
  重力制御関数の計算に関するサブルーチン
- Isler_2D.f
  メインルーチンと有限要素解析に関するサブルーチン
- optim.f
  最適化計算に関連するサブルーチン
- plane.f
  平板の面内変形要素剛性マトリクスと要素内応力を計算するサブルーチン
- SkSolver.f（Otto_2D のものと同じ）
  スカイライン法による連立方程式の解法サブルーチン

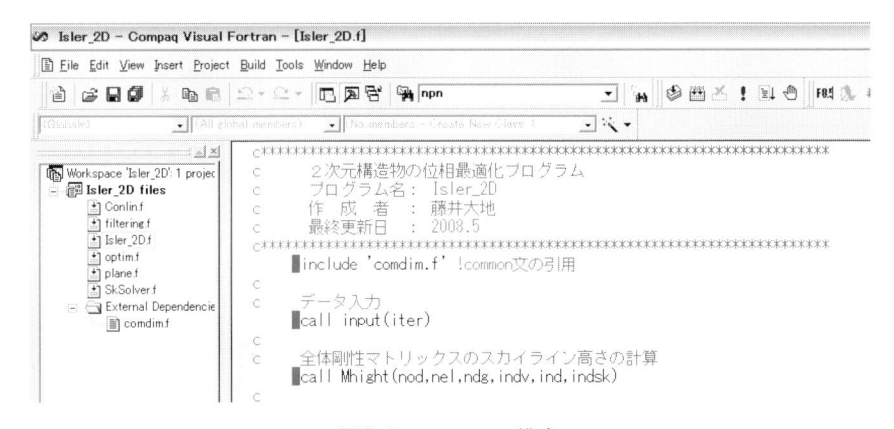

図 B.8　Isler_2D の構成

また，comdim.f には，全サブルーチンの共通変数が定義されています（図 B.9）．ここに，変数についての説明が書かれています．また，節点数，要素数の上限を変更する場合は，ここの mnel, mnod 等の数値を変更してください．

なお，本プログラムは，骨組要素や三角形要素なども組み込みができるように一般的に作られています（一要素の節点数を変化させることができるようになっています）．

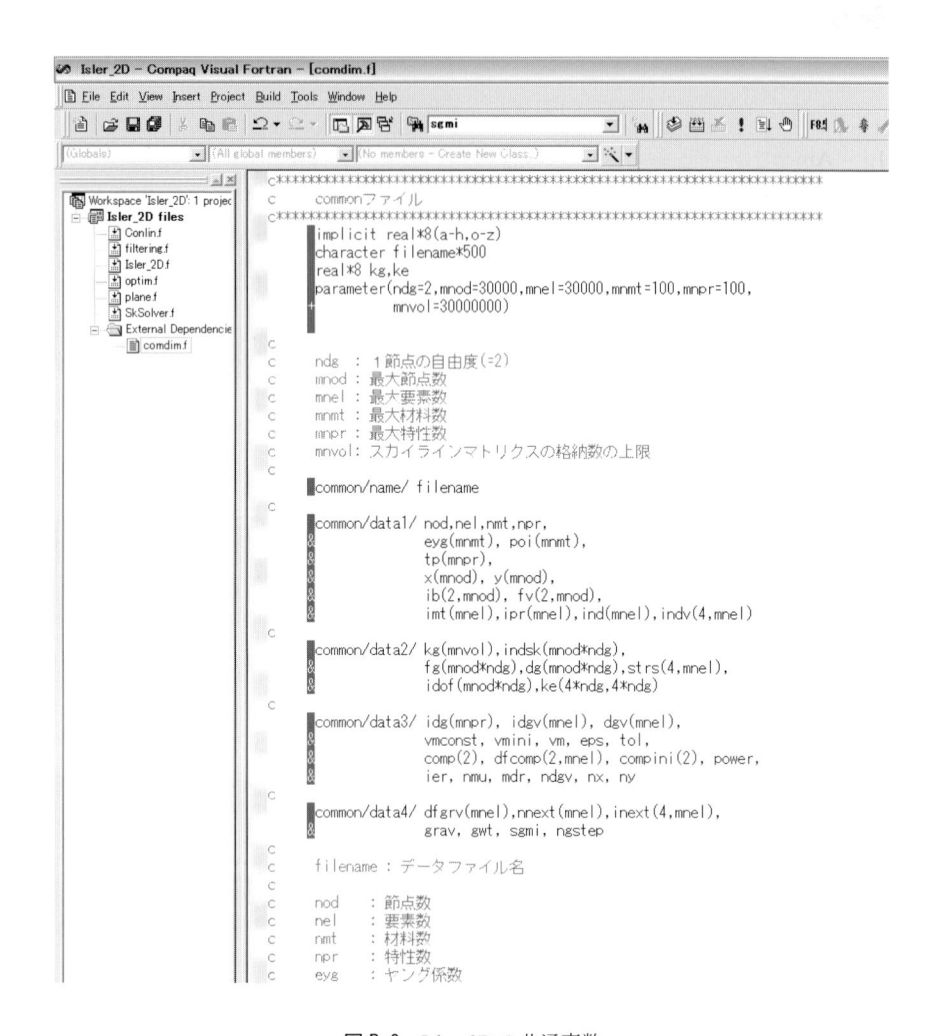

図 B.9 Isler_2D の共通変数

Isler_2D_Stress は，Isler_2D の一部を取り出して，節点変位と要素応力のみを計算するようにしたものです．

参考文献

1. Argyris, J.H. and Kelsey, S. (1960), Energy Theorems and Structural Analysis, Butterworth, London (collected reprinted of a serise of influencial articles that appeared in *Aircraft Eng.* 1954-55).
2. Beckers, M. (2000), Dual methods for discrete structural optimization problems, *International Journal for Numerical Methods in Engineering*, **48**, pp.1761-1784.
3. Bendsøe, M. P. and Kikuchi, N. (1988), Generating Optimal Topologies in Structural Design using a Homogenization Method, *Computer Methods in Applied Mechanics and Engineering*, **71**, pp.197-224.
4. Bendsøe, M. P. (1989), Optimal shape design as a material distribution problem, Struct. Optimiz., **1**, pp.193-202.
5. Clough, R. (1960), The finite element in plane stress analysis, Proc. 2nd ASCE Confer. On Electric Computation, Pittsburgh, pp.345-378.
6. Clough, R. (1965), The finite element method in structural mechanics, Chapter 7 of Stress Analysis (eds. O.C. Zienkiewicz and G.S. Holister), Wiley.
7. Courant, R. (1943), Variation methods for the solution of problems of equilibrium and vibration, *Bulletin of American Mathematical Society*, **49**, pp.1-23.
8. Diaz, A. and Sigmund, O. (1995), Checkerboard patterns in layout optimization, *Structural Optimization*, **10**, pp.40-45.
9. Fleury, C. and Braibant, V. (1986), Structural Optimization: A new dual method using mixed variables, *International Journal for Numerical Methods in Engineering*, **23**, pp.409-428.
10. Fleury, C. (1989), CONLIN, an efficient dual optimizer based on convex approximation concepts, *Structural Optimization*, **1**, pp.81-89.
11. Fujii, D. and Kikuchi, N. (2000), Improvement of numerical instabilities in topology optimization using the SLP method, *Structural Optimization*, **19**, pp.113-121.
12. Melosh, R.J. (1963), Basis for derivation of matrices for the direct stiffness method, *J. AIAA*, **1**, pp.1631-1636.
13. Prager, W. and Synge, L. (1947), Approximation in elasticity based on the concept of function spase, *Quart. Appl. Math.*, **5**, pp.241-269.

14. Suzuki, K. and Kikuchi, N. (1991), A homogenization method for shape and topology optimization, *Computer Methods in Applied Mechanics and Engineering*, **93**, pp.291-318.
15. Turner, M., Clough, R., Martin, H. and Topp, L. (1956), Stiffness and deflection analysis of complex structures, *Journal of Aeronautical Science*, **23**, No.9, pp.805-823, Sept..
16. Zhou, M. and Rozvany, G.I.N. (1991), The COC algorithm, Part Ⅱ: Topological, geometrical and generalized shape optimization, *Computer Methods in Applied Mechanics and Engineering*, **89**, pp.309-336.
17. Zienkiewicz, O.C. (1967), The Finite Element Method, 1st ed., McGraw-Hill.
18. 小国力編著(1991),行列計算ソフトウェア-WS,スーパーコン,並列計算機-,丸善.
19. 藤井大地,菊池昇(1999),SLP法を用いたトポロジー最適化における数値的不安定の改善,日本建築学会構造系論文集,No.521,pp.65-72.
20. 藤井大地,松本慎也,藤谷義信,菊池昇(2000),グランドストラクチャー法による骨組構造物の位相最適化,日本建築学会構造工学論文集,Vol.46B,pp.1-8.
21. 藤井大地,鈴木克幸,大坪英臣(2001),最適化手法CONLINを用いた骨組構造の位相最適化,日本建築学会構造系論文集,No.548,pp.59-66.
22. 藤井大地著(2003),Excelで解く構造力学,丸善.
23. 藤井大地著(2005),Excelで解く3次元建築構造解析,丸善.
24. 藤谷義信,藤井大地,野中哲也共著(2000),パソコンで解く骨組の静的・動的・弾塑性解析,丸善.
25. 山田嘉昭,横内康人共著(1981),弾塑性解析プログラミング EPIC-Ⅳ解説,培風館.

索　引

あ　行

アイソパラメトリック要素……………61
アドイン登録………………………14
アドインメニュー…………………135

位相解析……………………………80
位相データ生成……………………85

SIMP 法……………………………61
SLP 法………………………………51
　　――によるグランドストラクチャ法
　　　プログラム…………………140
MBB 梁の解析例…………………123
鉛直荷重……………………………3

応力解析…………………………114
　　――プログラム………………140
応力－ひずみ関係…………………64
　　――式…………………………40
応力表示…………………………117

か　行

開口部を設定する方法…………110
回転剛性……………………………44
回転バネ剛性………………………44
回転バネに関する要素剛性マトリックス45

外力仕事量…………………………38
ガウス積分…………………………65
重ね合わせ…………………………27
片持トラス…………………………96
感度係数……………………52, 54, 126

既知の変位ベクトル………………31
共役勾配法………………………131
境界条件……………………………30
共通変数…………………………137, 142
行列番号……………………………28

グランドストラクチャ法………7, 35
グレースケール……………………68

形状関数…………………………61, 63
　　――マトリックス……………25

格子メッシュ………………………9
剛性…………………………………23
構成式………………………………26
合理的な構造………………………3
固定荷重……………………………3
コンプライアンス………38, 50, 54
　　――の最小化…………………66
CONLIN 法………………53, 67, 125
　　――によるグランドストラクチャ法
　　　プログラム…………………140

さ 行

再計算数 …………………………………… 80
最適解 ……………………………………… 52
最適化問題 …………………………… 51, 125
最適な形 …………………………………… 3
最適な骨組の形 ………………………… 36
座標変換マトリックス ………………… 48

シアーロッキング ……………………… 65
軸方向変形 ………………………………… 39
　──に対する要素剛性マトリックス ‥ 39, 41
仕事量 ……………………………………… 38
地震力 …………………………………… 3, 89
　──が加わる場合 ……………………… 109
質量制約 …………………………………… 80
自動生成 ………………………………… 102
収束判定 ………………………………… 131
自由度番号 ……………………………… 32
重力式 ……………………………………… 70
重力制御関数 …………………………… 71
縮約 ………………………………………… 46

垂直応力 …………………………………… 26
垂直ひずみ ………………………………… 25
水平荷重(地震力)が作用する場合 …… 89, 109
水平荷重に対する最適な形 ………… 90, 110
スカイライン法 …………………………… 32

制約条件 …………………………………… 51
　──の緩和法 …………………………… 131
積載荷重 …………………………………… 3
セキュリティの変更 …………………… 12
設計変数 ……………………………… 50, 51, 66
設計領域 ……………………………… 35, 59
節点変位 ……………………………… 22, 39, 41
　──ベクトル …………………………… 25
節点力 ……………………………………… 22
　──の釣合式 …………………………… 28

　──ベクトル …………………………… 27
全体剛性方程式 ……………………… 22, 28
全体座標系 ……………………………… 48
せん断応力 ……………………………… 26
せん断ひずみ …………………………… 25

双荷重 ……………………………………… 80
総質量 …………………………………… 50, 66
総体積計算 ……………………………… 88
双対法 …………………………………… 127

た 行

対称性 ……………………………………… 28
たわみ角法 ……………………………… 22
たわみ性 ………………………………… 38
断面力表示 ……………………………… 85

チェッカーボード ……………………… 69
逐次2次計画法 ………………………… 129
逐次線形計画法 ………………………… 51

釣合式 ……………………………………… 27

テーラー展開 ………………………… 53, 125

等分布荷重の付加 ……………………… 89
等方均質弾性体 ………………………… 26
トラス構造グランドストラクチャの問題 96

な 行

2次元骨組の要素剛性マトリックス …… 48
2次元問題 ……………………………… 26
2次元連続体の有限要素解析 ………… 61
2点積分 ………………………………… 65

は 行

背景構造作成 …………………………… 74

バネ剛性 …………………………… 44	密度レイアウト ……………………… 114
バネ定数 …………………………… 23	ムーブリミット ……………………… 53
バンド構造 ………………………… 32	
反復解法 …………………………… 131	面内変形 …………………………… 61
	——に対する要素剛性マトリックス・64
ひずみエネルギー ……………… 23, 38	
——の最小化 ………………… 50, 66	目的関数 …………………………… 50
ひずみ－変位関係式 ……… 25, 40, 43, 63	
標準モジュール …………………… 137	**や　行**
ビルのファサードデザイン ……91, 118	
	ヤコビアンマトリックス …………… 63
フィルタリング法 ………………… 69	
フォンミーゼス応力 ……………… 116	有限要素自動分割 ………………… 102
ブレース補強 ……………………… 98	有限要素法 ………………………… 21
プログラムの解説 ………………… 135	ユーザーフォーム ……………… 12, 136
平面応力仮定 …………………… 26, 64	要素 ………………………………… 22
平面ひずみ仮定 …………………… 26	——最大長 ……………………… 78
ヘッセ行列 ………………………… 133	——自動生成 …………………… 77
ベルヌーイ・オイラーの仮定 ……… 42	——の総質量 …………………… 50
変位の拘束条件 …………………… 30	——の体積 ……………………… 27
変位の適合条件 …………………… 27	——密度 …………………… 50, 66
変位表示 ……………………… 85, 117	要素剛性 …………………………… 23
	——方程式 ……………………… 22
補間関数 ………………… 39, 41, 62	——マトリックス ……… 24, 27, 66
Fortran による解析プログラム ……… 140	——マトリックスの重ね合わせ …… 29
骨組作成 …………………………… 74	
	ら　行
ま　行	
	ラーメン構造の最適な形 ………73, 99
マクロプログラム ……………… 12, 135	ラグランジェ乗数 ………………… 127
曲げ変形に対する要素剛性マトリックス 41, 44	ラグランジェ双対法 ……………… 127
未知の変位ベクトル ……………… 31	離散化 ……………………………… 22
密度法 …………………………… 61, 66	
——の最適化問題 ……………… 66	連続体 ……………………………… 59
——プログラム ………………… 140	

著者略歴

1984年 広島大学工学部第四類建築学課程卒業
1989年 広島大学大学院工学研究科（構造工学専攻）博士課程後期単位取得退学
1998〜1999年 ミシガン大学工学部研究員，東京大学助手（工学系研究科環境海洋工学専攻）
2002年 近畿大学助教授（工学部建築学科）
2008年 近畿大学教授（工学部建築学科） 博士（工学）（広島大学）

専門分野は構造解析・形態解析・計算力学．現在，建築構造形態の創生技術の開発、制震メカニズムの形態創生技術の開発、Excelを利用した構造解析ソフトの開発、粒子法を用いた破壊シミュレーションに関する研究等に取り組んでいる．

Excelで簡単にシミュレーション！
建築デザインと最適構造−CD-ROM付

平成20年10月31日 発行

著作者　藤　井　大　地

発行者　小　城　武　彦

発行所　丸善株式会社

出版事業部
〒103-8244　東京都中央区日本橋三丁目9番2号
編　集：電話(03)3272-2457／FAX(03)3272-0527
営　業：電話(03)3272-0521／FAX(03)3272-0693
http://pub.maruzen.co.jp/
郵便振替口座　00170-5-5

© Daiji Fujii, 2008

組版印刷・有限会社　悠朋舎／製本・株式会社　松岳社
ISBN 978-4-621-08018-4 C 3052　　　　Printed in Japan

JCLS 〈(株)日本著作出版権管理システム委託出版物〉
本書の無断複写は著作権法上での例外を除き，禁じられています．複写される場合は、そのつど事前に(株)日本著作出版権管理システム（電話03-3817-5670, FAX 03-3815-8199, E-mail : info＠jcls.co.jp）の許諾を得てください．

CR-ROM に関するご注意

1. **使用条件**
   本書に付属する CD-ROM（以下本 CD-ROM といいます）は，お一人もしくは 1 台のコンピュータで使用することができます．同時に複数のコンピュータで使用する場合は，使用するコンピュータ台数と同数の本書の購入が必要となります．

2. **著作権**
   本 CD-ROM は，著作権法によって保護されており，その内容を無断で転載，複製することはできません．

3. **返品・交換**
   製造上あるいは流通上の原因によるトラブルによって使用不能の場合は，トラブルの具体的な状態を明記の上，購入日より 1 ヶ月以内に小社宛ご返送下さい．新しい製品と交換いたします．上記以外の交換には一切応じかねますので予めご了承下さい．

4. **著作者・出版社の責任**
   著作者および出版社は，本 CD-ROM の使用によって発生した，お客様の直接的・間接的な損害に対して一切責任を負いません．

5. **プログラムに関する問合せ**
   藤井大地 E-mail : dfujii @ hiro.kindai.ac.jp